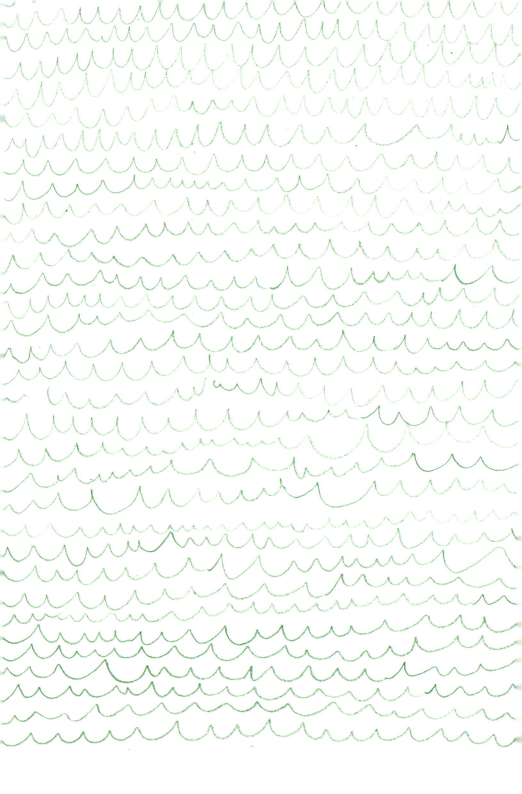

Immer her mit dem schönen Leben!

Und zwar jetzt gleich.

Ja, ich weiß, da sind noch tausend Dinge (plus minus zweihundertdreiundzwanzig), die Sie erledigen müssen, weil es sonst keiner tut, und da sind tausend Sachen, die Ihnen Sorgen bereiten — und ja, das Leben ist manchmal ganz schön hart. Aber es ist auch wundervoll! Und Sie haben ein Anrecht darauf, es an jedem einzelnen Tag zu genießen. Wenigstens ein bisschen.

In diesem Buch haben die Frauen der Mütter-Mafia unter der Regie ihres Vorstands Constanze Bauer ihre Geheimrezepte zum Glücklichsein zusammengetragen, aber auch viel Platz für Ihre eigenen Ideen gelassen. Wenn man erst einmal anfängt, Spaß zu haben, ergibt sich der Rest von ganz allein, und jeder Tag glitzert ein bisschen und riecht nach frisch gebackenem Kuchen. Selbst für die ganz schlimmen Tage haben wir ein paar wirklich schöne Ideen.

Widmen Sie sich der Aufzucht und Pflege eines niedlichen, kleinen Glücks. Feiern Sie mit uns den Alltag! Bringen Sie Glanz und Magie in Ihr Familienleben, machen Sie sich und Ihre Lieben glücklich.*

Ihre Kerstin Gier

*Die Lieben muss man hier und da vielleicht ein bisschen zu ihrem Glück zwingen. Träges, undankbares Pack.

Die Mütter-Mafia ist ein geheimer❶ Club von Frauen, die alle eins gemeinsam haben:

Sie sind nicht perfekt und wissen, dass sie es in diesem Leben auch nicht mehr werden. Ziel des Clubs ist es, immer jemanden zu haben, von dem man sich Backpulver, Bowletöpfe oder Abendkleider leihen kann. Nein, Scherz, das ist nur zweitrangig: In erster Linie geht es darum, sich nicht mehr allein und unsicher zu fühlen — das Leben als Mutter mit oder ohne Job, mit einem oder mehreren Kindern, mit oder ohne Mann ist manchmal nämlich ziemlich verzwickt, und dann ist es schön, Freundinnen zu haben, mit denen man reden, weinen, lachen, verrückte Pläne schmieden oder einfach Spaß haben kann. Freundinnen, denen man bedenkenlos die Kinder anvertrauen kann und von denen man weiß, dass man sie im Notfall❷ auch nachts um vier anrufen könnte. Zusammen haben wir zwanzig Kinder❸ (wenn ich mich nicht verzählt habe), fünf Ehemänner, vier Exmänner und vier heimliche Geliebte.

(Die meisten davon gehören Trudi. Der vierte ist wirklich geheim.)

Mütter-Mafia-Mitgliederliste:
Constanze, Mimi, Anne, Trudi, Dascha, Gitti, Rosalie, Paris❹

❶ Ich weiß, eigentlich ist er gar nicht so geheim, aber ich liebe das Wort »geheim«. Es macht alles so ... exklusiv. ❷ aber wehe, dann ist es kein Notfall!!!! ❸ oder Sargnägel, wie Anne sie nennt ❹ Echt, Paris gehört dazu? Ich dachte, wir hassen sie, weil sie Constanze den Mann ausgespannt hat. Um Himmels willen, nein! Wir lieben Paris, weil und zwar nicht nur, weil sie 20% bei Zara bekommt.

Clubregeln

1. EINE FÜR ALLE, ALLE FÜR EINE
2. FESTE FEIERN, WIE SIE FALLEN – TÄGLICH
3. VERGLEICHE SIND ZEITVERSCHWENDUNG – WIR SIND ALLE TOLL
4. WIR GEBEN UNSER BESTES
5. ZU VIELE REGELN SIND DOOF

Wir raten Ihnen ganz dringend: GRÜNDEN SIE AUCH SO EINE MÜTTER-MAFIA (und denken Sie sich einen feinen geheimen Clubnamen aus).

Für den Anfang reicht schon eine einzige Freundin. Männer dürfen ruhig auch mitmachen, das muss man nicht so genau nehmen. Und wenn Sie noch keine Kinder haben, macht das auch nichts, es geht mehr ums Prinzip, Sie wissen schon: Zusammen ist man weniger allein. (Und gute Freunde kosten weniger als eine Therapie …)

IHR GEHEIMER CLUBNAME IST

_ _ _ _ _ _ _ _ _ _ _

Bringen Sie sich in Feierlaune!

Manchmal wacht man ja morgens auf, und es ist einem so gar nicht nach Feiern zumute. Es regnet, die To-do-Liste für heute reicht ausgerollt von der Haustür bis zum nächsten Supermarkt, auf der Stirn des Mannes ist über Nacht eine neue Sorgenfalte gewachsen (die Steuererklärung?), und die Kinder sind ausgesprochen mürrisch, als sie geweckt werden, vor allem diejenigen, die heute einen Französisch-Vokabeltest schreiben und nicht gelernt haben. Ach ja, und die Katze hat eine tote Maus in den Filzpantoffel gelegt, beziehungsweise deren Innereien.
Aber: kein Grund, den Tag schon verloren zu geben. Jetzt helfen ein paar einfache, aber wirkungsvolle Rituale, mit denen Sie sich selber ein wenig aufmuntern können.

- Smileys aus Marmelade auf die Toastscheiben malen
- Die Katze streicheln (das hat sie nicht mit Absicht gemacht, das mit den Innereien)
- Die wunderschönen gepunkteten Gummistiefel (bottes de pluie avec petits points) aus dem Schrank holen und anziehen – endlich mal!
- Eine Blume ins Haar stecken (oder auch nicht)
- Eine Tasse Cappuccino mit extra viel Milchschaum
- Musik laut aufdrehen und eine Runde dazu durch die Wohnung tanzen (nicht stören lassen von »Mamaaaaaaa! Das ist peinlich!«-Sabotage-Versuchen)
- Extra feine Sachen in die Frühstücksboxen der Kinder packen und dabei Französisch-Vokabeln abfragen (Regen – la pluie, Regenschirm – le parapluie)
- Die Kinder besonders ausgiebig abknutschen, bevor sie das Haus verlassen (»Bonne chance, Chérie«)
- Das gleiche mit dem Mann versuchen (»Je t'aime! Und isch freue misch auf 'eute Abend!«)

Ihre ganz persönlichen Guten-Morgen-Rituale

◆ _____
◆ _____
◆ _____
◆ _____
◆ _____

Ein paar positive Gedanken zum Mitnehmen.

Live your life, dream your dream,
sing your song ...

Jeder Augenblick ist eine
großartige Gelegenheit.

Es könnte alles
noch viel schlimmer sein.

Herrliches Regenwetter heute
(gut für die Landwirtschaft)

Das Leben ist wunderbar.

Heute ist ein guter Tag zum Feiern.

Stur lächeln und winken ...

L'amour d'une mère est toujours
dans son printemps. (hahaha)

Du bist genau richtig,
so wie du bist.

1
2
3
4
5
6

Dinge, die Sie gut können.

1
2
3
4
5
6

Dinge, die Sie gern können würden.

Optional

Kochen, backen, Lego-Raumschiffe bauen, dekorieren, hüpfen, jonglieren, Rad schlagen, Tierstimmen nachmachen, basteln, malen, rechnen, sich die Namen der Kinder merken, Zöpfe flechten, Kürbisse häkeln, zaubern, fliegen, hellsehen.

Was Mütter unbedingt können müssen.

Spielen, trösten, lieben, lachen, kuscheln, Quatsch machen, tanzen, singen, feiern, streicheln, vorlesen, träumen, zuhören, faulenzen, schaukeln, Pflaster aufkleben, strahlen, die ganze Welt umarmen. Ach ja, und Windeln wechseln, zumindest am Anfang…

Nicht unbedingt nötig, aber manchmal witzlich

Bügeln, tapezieren, Integralrechnen, Spannbetttücher falten*, Kaminholz spalten.

*Gitti ist gerne bereit, mal einen Workshop zu diesem Thema anzubieten.

Wenn Sie im falschen Moment bei uns klingeln, könnte es sein, dass im Flur gerade eine Sporttasche explodiert ist und in der Küche ein Zitronen-Kokosflocken-Kuchen. Jedenfalls sieht es so aus. Was nicht auf dem Boden, an den Wänden, am Mixer und an den Kindern klebt, verbrennt gerade im Backofen. (Macht aber nichts, Nelly wird es trotzdem essen.) Im Brotkorb schläft eine Katze. Der Esstisch ist übersät mit Schulbüchern, Heften, Blättern, Stiften und Linealen, weil die Kinder versprochen haben, ihre Schulranzen »gleich!« zu packen. Unter dem Tisch hat sich der Zweijährige versteckt, um in aller Ruhe

Das Chaos feiern.

Stirb ehrloser Schuft! Der Schatz ist unser, Kapitän Hühnerkralle!

sein großes Geschäft zu erledigen. (Mit etwas Glück behält er seine Windel dabei an.) Daneben tobt eine wilde Schlacht. Die Sofas sind zwei sich bekämpfende Piratenschiffe, der Teppich eine Schatzinsel und das Parkett die sturm-

gepeitschte karibische See. Die gegnerischen Parteien beschimpfen sich wüst. An der Stehlampe ist ein roter Pullover gehisst, am Fenster prangen mehrere fettige Handabdrücke. Hier und da rieseln Kokosflocken in die karibische See

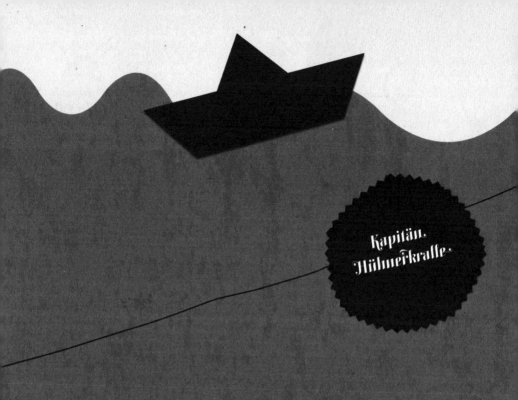

Kapitän Hühnerkralle

einfach nicht aufmachen!

Nicht gerade der Moment für Schöner-Wohnen-Fotos oder einen Besuch vom Jugendamt oder der Schwiegermutter. Und trotzdem irgendwie richtig. Und schön. Weil alle Spaß haben und ich den Kuchen gerade noch rechtzeitig aus dem Ofen geholt habe. Das Chaos beseitigen wir hinterher schon wieder – im Idealfall alle zusammen. Nur Kapitän Hühnerkralle darf vorher nach Hause gehen.

(Aufräumen kann sowieso jeder.)

Immer wieder kursieren Gerüchte über die Existenz einer Spezies namens Supermami, die blitzsaubere, aufgeräumte und wunderschön gestylte Wohnungen vorweisen kann, immer gesundes, frisch zubereitetes Essen auf den Tisch stellt, dazu täglich aufwendig verzierte Torten und Cupcakes, mit ihren stets wohlriechenden, hübschen, intelligenten, problemfreien und absolut zufriedenen Kindern herrliche Dekorationen bastelt und pädagogisch wertvolle Spiele spielt, einem anspruchsvollen Job nachgeht, Sport treibt, ein aufregendes Sexualleben und einen großen, aktiven Freundeskreis besitzt, Bücher und Zeitschriften liest, regelmäßig ins Kino, Theater und die Oper geht, mehrfach in der Woche ehrenamtliche Sozialarbeit leistet und dabei immer gut gelaunt, perfekt gestylt und gepflegt ist.

Ehrlich, das sind nur Gerüchte. Diese Personen gibt es nicht, jedenfalls nicht auf diesem Planeten, wo ein Tag nur vierundzwanzig Stunden hat und Menschen mit lediglich zwei Armen ausgestattet sind.

Also entspannen Sie sich.

Alles ist gut!

Das Buch der schönen Augenblicke

Der Mensch neigt leider dazu, den schlimmen und ärgerlichen Dingen im Leben viel mehr Gewicht zu verleihen als den schönen — und wenn man am Ende eines Tages Resümee zieht, dann geraten die guten Momente des Tages im Vergleich zu den weniger guten oft in den Hintergrund. Deshalb gibt es bei uns DAS BUCH DER SCHÖNEN AUGENBLICKE.[*] Jeden Abend vor dem Schlafengehen schreiben wir da hinein, was uns am Tag besonders gut gefallen hat, in welchem Moment wir glücklich waren, was Spaß gemacht hat und für was wir dankbar sind. Natürlich reden wir auch über die weniger schönen Momente, aber in diesem Buch haben sie nichts zu suchen. Da stehen nur so wunderbare Sachen drin wie:

» *Als wir alle zusammen den Sonnenuntergang angeschaut haben.* «

Hach!

---

[*] Sie können Ihres natürlich anders nennen, sofern Sie auch eins anlegen wollen. Übrigens eine super Gelegenheit, endlich mal eins von den vielen schönen Einschreibbüchern zu benutzen, die Sie gehortet haben. Haben Sie nicht? Dann nehmen Sie einfach ein leeres Schulheft.

Na gut, und so was hier
(Beispiel von letztem Dienstag):

» Mein schönster Augenblick war, als wir die Maus vor Senta und Berger gerettet haben.«

» Ich war glücklich bei der Gartenarbeit. Hat eigentlich jemand gemerkt, dass der Giersch aus dem Beet neben der Haustür verschwunden ist? «

» Am meisten Spaß hatte ich, als Nelly beim Frühstück den traurigen Pfannkuchen[**] gemacht hat und Anton so gelacht hat, dass ihm das Müsli wieder aus der Nase gekommen ist.«

» Constanzes Kartoffel-Brokkoli-Giersch-Auflauf war mein Höhepunkt des Tages.«

» Ich habe eine Eins in Geschichte!« (Emily)

» Ich habe keine Fünf in Mathe!« (Nelly)

» Richtig schön war, als ich die Treppe runtergefallen bin und mir gar nicht wehgetan habe.« (Julius)

» Als die doofe Clarissa Wehmeyer heute in der Schule gegen die Glastür gelaufen ist.« (Nelly[***])

[**] kleiner Insider: »Der traurige Pfannkuchen« ist eine Grimasse, bei der man die Oberlippe weit über die Unterlippe stülpt und die Backen aufbläst. Sieht lustig aus — wie ein trauriger Pfannkuchen eben.
[***] Sie merken, Nelly hat das Prinzip noch nicht GANZ verstanden, aber es wird schon besser.

Ich habe übrigens noch ein zweites, geheimes Buch der schönen Augenblicke angelegt, da stehen so Sachen drin wie:

Nach dem Aufwachen noch mal an Anton gekuschelt und von frisch gebackenem Brot geträumt. Dieser Mann riecht einfach zu lecker.

Aus den Wolken muss es fallen,
Aus der Götter Schoß das Glück,
Und der mächtigste von allen
Herrschern ist der Augenblick.

FRIEDRICH SCHILLER
Sämtliche Werke 1–5, »Die Gunst des Augenblicks«

Schöne Momente zum Abreißen ♥

- BEIM AUFWACHEN MERKEN, DASS MAN NICHT ALLEINE IST
- LAUT SINGEN
- AN JEMANDES BRUST RUHEN
- NOCH VOR SONNENAUFGANG AUSGESCHLAFEN SEIN
- HÄNDCHEN HALTEN

Ihre schönsten Augenblicke diese Woche

MERKEN, DASS GERADE MAL ALLES GLATT LÄUFT

EIN HEISSES BAD NEHMEN

ETWAS SCHÖNES TRÄUMEN

JEMANDEM SAGEN, DASS MAN IHN LIEBT

FRISCHEN ERDBEERKUCHEN ESSEN

Einladung

....

gibt sich die Ehre

....

am ....
um ....
zum Afternoon Tea einzuladen.

Um Antwort wird gebeten.

Für die Party brauchen Sie......

Tee.
Scones.
Sandwiches.
Clotted Cream.
Marmelade.
Kleine
Küchlein.

Teekanne,
Stövchen,
Teetassen (gerne die von Oma mit Goldrand und Blümchen)

EINE ETAGERE!
Ja, da führt kein Weg dran vorbei: Sie. Brauchen. Eine. Etagere!!!

KERZEN
Versuchen Sie doch mal, die Lampen ganz auszulassen, wie in einem gemütlichen Salon des 19. Jahrhunderts.

DEKORATION NACH BELIEBEN

Wie wäre es mit einer Jane Austen Wimpelkette zum Beispiel aus kopierten Buchseiten und Notenpapier? Wir wetten unsere schönsten Gummistiefel, dass Jane Austen Wimpelketten geliebt hätte.

Oder Pompons aus Servietten. Die hätte sie auch gemocht. Und Konfetti in Schmetterlingsform, das Sie aus kopierten Buchseiten stanzen können.*

Holen Sie Ihre Knopfstiefelchen und Hängekleider aus dem Schrank, wenn Sie welche haben. Drehen Sie sich Löckchen, machen Sie sich Bänder ins Haar. Lächeln Sie noch süßer als sonst.

*Was? Zu Jane Austens Zeit gab es noch kein Konfetti? Und keine Stanzer? Wir sind aber ganz sicher, dass Jane Austen sowohl Konfetti als auch Stanzer lieben würde. Ach, oder stellen Sie einfach einen hübschen Blumenstrauß auf den Tisch.

REZEPT: Scones

3 EL feiner Zucker

100 g Butter in Flöckchen

280 ml Milch

1 1/2 Teelöffel Backpulver

2 EL Buttermilch

375 g Mehl

1 Ei, verquirlt

1 Prise Salz (oder 2)

Reicht für etwa fifteen pieces.

Sieben Sie **Mehl**, **Backpulver** und **Salz** in eine Schüssel, geben Sie **Butter** und **Zucker** dazu, und verkneten Sie alles zu einer krümeligen Masse. Eine Mulde hineindrücken, das verquirlte **Ei**, **Milch** und **Buttermilch** dazugeben, und alles miteinander zu einem dicken Teigklumpen verrühren und kneten. Auf einer bemehlten Arbeitsfläche etwa **2 cm dick** ausrollen und Kreise ausstechen (ca. **5 cm Durchmesser**. Wenn Sie nicht ausstechen wollen: Es funktioniert auch, wenn Sie aus dem Teig kleine Kugeln rollen und diese auf dem Backblech ein bisschen platt drücken.) Auf ein mit Backpapier ausgelegtes Backblech legen und bei **200 °C** (Umluft) im vorgeheizten Backofen etwa **15 Minuten** backen. (Wenn sie leicht gebräunt sind, sind sie fertig.)

ANYTIME
IS
TEATIME

Dazu gehört stilecht Clotted Cream & Marmelade

Geht aber auch mit Schlagsahne und frischen Erdbeeren, zum Beispiel. Oder mit Butter.
Die Sandwiches werden in schmalen Streifen serviert. (Da brauchen Sie kein Rezept, oder? Das kriegen Sie auch so hin: Toast mit lecker Zeugs bestreichen und belegen, zweite Toastscheibe oben drauflegen, vorsichtig plattquetschen, durchschneiden, fertig. Denken Sie nur daran, die Rinde abzuschneiden.) Scones und Sandwiches und Küchlein, wenn Sie welche haben, auf der Etagere[*] anrichten und eventuell mit etwas Obst garnieren.

Guten Appetit!

[*] Ja, doch! Die brauchen Sie einfach.

Es gibt auch ganz passable Backmischungen für Scones, um ehrlich zu sein. Zum Beispiel hier: www.the-british-shop.de — da kann man auch Clotted Cream kaufen.

Womit Sie sich die Zeit vertreiben können.

(außer mit Tee trinken und den ganzen Nachmittag so zu sprechen, als befänden Sie sich im 19. Jahrhundert. »Was sind denn nun die Neuigkeiten aus der Stadt, meine liebe Miss Dashwood, die mitzubringen Sie bereits die Liebenswürdigkeit hatten, anzukündigen?«)

Jemand könnte sich ans Klavier setzen und lieblich singen.

Lieblich! Sonst einfach nicht lassen. Nicht wahr, Trudi?**

Kei[n]rülpsen und mir den Klavierdeckel auf die Finger zu klappen.**

Machen Sie alle zusammen diesen Test und finden Sie heraus, welche Jane-Austen-Figur Ihnen am ähnlichsten ist.
HTTP://WWW.STRANGEGIRL.COM/EMMA/QUIZ.PHP

Dass uns eine Sache fehlt, sollte uns nicht davon abhalten, alles andere zu genießen.
J.A.

lecker!

Erste-Hilfe-Maßnahmen bei ÄRGER, ZANK und STREIT

Wirklich – Sie müssen sich nicht alles gefallen lassen. Sie müssen sich keine Kritik anhören, auch wenn sie angeblich »nur gut gemeint« ist. Sie müssen nicht immer »Ja« sagen, wenn jemand Sie zu etwas verpflichten will. Oder zuhören, wenn man Ihnen unverlangt »gut gemeinte Ratschläge« erteilt. Sie müssen sich auch nicht volljammern oder mit Vorwürfen überhäufen oder mit anderen Leuten vergleichen lassen. Sie können sich von Menschen distanzieren, die Ihnen auf Dauer einfach nicht guttun, und Sie müssen sich dafür weder rechtfertigen noch mit einem schlechten Gewissen plagen.

Don't stay, where you are tolerated, go where you are celebrated.

- Machen Sie gar nicht erst die Tür auf.

- Lächeln Sie überlegen. Sagen Sie: »Das ist das, was SIE denken« oder drucken Sie es sich auf Ihr T-Shirt.

- Sagen Sie »Nein«. Ohne weitere Erklärung. (Nein ist das neue Ja.)

- Sagen Sie: »Ich muss auflegen, die Milch kocht über.« (Ehrlich, warum hier originellere Ausreden finden? Ihre Kreativität stecken Sie doch lieber in andere Dinge. Außerdem weiß der andere so sofort, was Sache ist.)

- Sagen Sie: »Äh, entschuldige, hattest du was gesagt? Ich habe gar nicht zugehört.«

- Gähnen Sie herzhaft, anstatt zu antworten.

- Gehen Sie einfach weg.

- Nehmen Sie die Sahnetorte vom Tisch und werfen Sie sie der blöden Kuh mitten ins Gesicht. (Nein, Scherz. Obwohl ich schon von so etwas träume, seit ich fünf Jahre alt bin! Aber tun Sie's trotzdem nicht. Die arme Torte.)

uf den Keks geht.

Der Schimpfwort-Generator

zum Abreagieren an besonders schlimmen Tagen (am besten in geschlossenen Räumen). Ihre Kinder werden ihn lieben. (Und natürlich NUR Ihre Kinder — Sie selber sind viel zu erwachsen für so was Albernes.)

-KUH

KORINTHEN-

BRAT-

ARSCH-

WURST-

-AFFE

-PICKEL

-BRATZE

-MANN

KOTZ-

-KERL

EITER-

TRAN-

-BEULE

EIER-

MILCH-

-LAUS

KNALL-

-KRÄHE

-TÜTE

FLACH-

ARM-

-LEUCHTER

- -PELLE
- NEBEL-
- NOT-
- LABER-
- -LIESE
- -HIRN
- -BODE-
- -LEUCHTE
- SCHNULLER-
- WISCH-
- LUFT-
- -GESICHT
- -ASCHE
- -ARSCH
- EKEL-
- -GEIGE
- RÜBEN-
- -WURST
- -SCHNITTE
- GEIZ-
- DRECKS-
- -BACKE
- -BUBI
- ZIMPER-
- -NASE
- -LAPPEN

- STINK-
- HASEN-
- -BROCKEN
- DUMPF-
- SCHLAF-
- LACK-
- FILZ-
- -TABLETTE
- BLÄH-
- -EUMEL
- MIST-
- -ZANGE
- KACK-
- -BAUER
- -FRESSE
- AMÖBEN-
- GROTTEN-
- -GURKE
- TORF-
- -MUFFE
- SUMPF-
- DOOF-
- -SACK
- -KOPF
- BLÖD-

- PEST-
- PLANSCH-
- -FURZ
- -STELZE
- -KACKER
- -ERBSE
- GRUNZ-
- -KEKS
- SENF-
- -STIEFEL
- -PAKET
- -MOPP
- -HUHN
- SACK-
- -PINSEL
- -OLM
- PRESS-
- -BEUTEL
- -PUMPE
- GLOTZ-
- JAMMER-

Viel Spaß allen Glotzbacken, Blödbrocken und Kacknasen. ♥♥♥

Das Glück ist eine Wimpelkette

Außer
Gitti kann leider
keiner von uns basteln. Aber diese
Wimpelketten sind auch was für Bastel-Legastheniker.
Es ist eine meditative Arbeit, bei der Sie sich entspannen und erholen können.
Man kann Wimpelketten wunderbar nebenbei vor sich hinschnipseln
und -kleben, zum Beispiel, wenn die
Schwiegermutter zu

Besuch
ist und lang-
weiliges Zeugs erzählt, oder während des
»Tatorts«. Und das Tollste ist: Sie können einfach jedes Papier
verwenden — Geschenkpapier, Zeitungspapier, alte Stadtpläne, Schnittmuster,
Liebesbriefe, unbezahlte Rechnungen, Urlaubsfotos, Notenpapier,
Songtexte, die letzte Mathearbeit — die
Möglichkeiten sind

unbegrenzt,
und Ihr Altpapiermüll
wird deutlich reduziert. Sie können
Wimpelketten mit Pünktchen anfertigen, nach Farben sortierte,
lange, kurze, große, kleine, welche im Vintage-Style, welche mit Glitzer drauf, mit
weisen Sprüchen oder mit geheimen Botschaften. Keine
Wimpelkette wird wie die andere,
aber alle haben

eins gemeinsam:
Sie sind vollkommen
überflüssig, und sie machen glücklich. Und im
Gegensatz zu Cupcakes haben sie keine Kalorien. (Solange man sie
nicht isst.) Sie können die Vorlagen als Schablonen benutzen
oder die Wimpel frei Hand schneiden. Sie
werden über schmale

Satinbändchen
geklebt oder an Kordel oder
Geschenkband. Wenn sie fertig sind, können Sie sie
an die Wand hängen, vors Fenster oder zwischen zwei Lampen an die Decke,
Sie können sie zwischen zwei Schaschlik-Spießen auf einer Torte
spannen oder quer über Ihr Bett, Sie können sie als
Lesezeichen benutzen oder einfach
verschenken.

twas
it seinen
eigenen Händen
zu erschaffen,
macht glücklich.
GITTI HEMPEL

Sommer!

HURRA, ENDLICH BIKINISAISON!

(Haha, kleiner Scherz. Aber Gitti bietet nächste Woche einen Handarbeits-Workshop zum Thema Resteverwertung an: Wir nähen Ostereiernestchen aus alten Bikinis. Ab B-Körbchen.)

macht leider fast gar nicht betrunken

REZEPT: Mimis erfrischende Sommerbowle

6 Limetten waschen, achteln und in einen Bowlekrug füllen, den Saft von 2 Zitronen und 300 ml Holunderblütensirup darüber gießen, das Ganze mit einer Flasche Sprudelwasser und einer Flasche trockenem Sekt auffüllen und mit reichlich Minzeblättern garnieren.

und Schwangere

REZEPT: Constanzes Sommer-Sprudel-Punsch für Kinder und ganz heiße Tage

Eine Wassermelone in kleine Würfel schneiden, 2 Stunden ins Tiefkühlfach stellen, anschließend in einen Bowletopf geben, 1 Liter Sprudelwasser, 250 ml Grenadinesirup und den Saft einer Zitrone darüber geben, umrühren, fertig!

Sonnenhüte!!!

Eine Sommerwimpelkette basteln

Sommer!

FLIP-FLOPS

POOLPARTYS
(Geht zur Not auch ohne Pool. Mit ein bisschen Fantasie. Und einem Planschbecken oder Zinkwannen voller Wasser und Eiswürfeln, vielleicht.)

Barfuß laufen

In der Hängematte liegen und in den Himmel starren. Und ein Buch lesen, in dem es gerade schneit.

Ein Vogelbad aufstellen (und die Katzen einsperren, so lange die Vögel baden).

Rosen! Phlox!
(Die Nase dranhalten und den wunderbaren Duft gaaaaanz tief einatmen. Nur den Duft. Nicht die Biene, wie Julius letztes Jahr.)

JOHANNISBEEREN-BAISERTORTE

~~Nackt im Park tanzen~~

Sich über Schatten freuen

GRILLEN.
(Ein sehr schönes Sommerteekesselchen: Mein Teekesselchen ist nichts für Würstchen und Vegetarier. Mein Teekesselchen zirpt. Wegen meinem Teekesselchen wollen Hempels uns andauernd verklagen. Mein Teekesselchen sammelt vor lauter Zirpen keine Vorräte und muss im Winter bei der fleißigen Ameise unterkommen. Oder so.)

Die durchgestrichenen Sachen stammen von Trudi. Einfach nicht beachten.

Mit den Beinen im Wasser baumeln

Die Wäsche in der Sonne trocknen

Sich Blumen ins Haar stecken

Draußen frühstücken.
Draußen mittagessen.
Draußen abendessen.

Boule spielen

~~Eiswürfel im BH schmelzen lassen.~~

BLAU-WEISS-GESTREIFT. UND GEPUNKTET.

Die ganze Nacht wachbleiben.
Den Sonnenuntergang anschauen
UND den Sonnenaufgang.

Boot fahren

Jeden Zehennagel in einer anderen Farbe lackieren

Mückenstiche zählen
(Manche Mückenstichmuster bilden exakt Sternbilder nach. Das kann ja wohl kein Zufall sein.)

Kirschen! Gibt es etwas, das noch mehr nach Sommer schmeckt als Kirschen, frisch vom Baum?

....

Alles ist gut. Der Mensch ist unglücklich, weil er nicht weiß, dass er glücklich ist. Nur deshalb. Das ist alles, alles! Wer das erkennt, der wird gleich glücklich sein, sofort, im selben Augenblick ...

FJODOR M. DOSTOJEWSKI
(Kann man ja mal zur Diskussion stellen. Und dazu Pfirsiche essen.)
....

Sonnenschirme aufspannen

REZEPT
Sommer im Glas

Mimis Erdbeer-Rhabarber-Marmelade

1000 g Erdbeeren **500 g Rhabarber**

Das Mengenverhältnis ist nicht so wichtig, aber wichtig ist, dass am Ende genau 1500 g Früchte im Topf landen

500 g Gelierzucker 3:1

Saft einer halben Zitrone

Die Erdbeeren putzen, den Rhabarber schälen und in kleine Stücke schneiden, in einen Topf geben und zusammen mit dem Zitronensaft und dem Gelierzucker erhitzen. Unter Rühren zum Kochen bringen, 3 Minuten sprudelnd kochen lassen, immer weiterrühren, alles mit einem Pürierstab zerkleinern. (Man kann das Ganze vor dem Umfüllen noch durch ein Sieb streichen, muss man aber nicht.) In Marmeladengläser füllen, verschrauben und das Glas umgedreht auskühlen lassen.

M.

> Ehrlich, es lohnt sich, Marmelade selber zu machen, in vielen der gekauften sind gruselige Sachen drin. Viel mehr Erdbeeraroma als Erdbeeren. Dafür Litschis. Und Sägemehl. Außerdem zieht der herrlich sommerliche Duft der Marmelade durch das ganze Haus!

Mittsommernacht feiern

Im Sommer unbedingt vermeiden: Sonnenbrand. Wespen verschlucken. Winterdepression. Im Stau stehen. Sommergrippe.

Der Duft von Sonnenmilch

Sommer-Luftschlösser bauen

Playlist mit den schönsten Sommerliedern erstellen.

Summer In The City (Joe Cocker), Mr. Blue Sky (ELO), Easy (Cro)...

Glück ist ▸▸▸▸▸▸▸▸▸▸▸▸▸▸▸▸▸▸▸▸▸▸▸▸▸▸▸▸▸▸▸▸

- Marmelade geschenkt zu bekommen
- etwas das erste Mal zu tun
- jemanden neu kennenzulernen, den man mag
- Sommer
- einen alten Freund wiederzutreffen
- etwas zu finden, von dem man glaubte, es für immer verloren zu haben
- der Duft von Erdbeeren
- JETZT !

He-rrrrrein-spaziert!

Ein eigener Zirkus ist ein wunderbares Sommerferienprojekt für die Kinder. Mit etwas Glück sind sie damit tagelang beschäftigt.
(Und mit noch mehr Glück findet das Ganze im Garten der Freunde statt, und Sie können sich im heimischen Garten im Liegestuhl fläzen.)

Kopiervorlage

• • •

Die Kinder können sich alle Nummern selber ausdenken und alleine einüben. Zum Beispiel Seiltanzen (geht im Zweifel auch auf einem Seil, das auf dem Boden liegt), Pferdedressuren (Pferde sind wahrscheinlich bei Ihnen auch eher rar, aber Kindern macht es nichts aus, Pferd zu spielen. Kinderpferde können auch ein paar Tricks, die echte Pferde nicht können), Zaubertricks (endlich kommt der Zauberkasten mal zum Einsatz. Oder das weiße Kaninchen), Tanzshow-Einlagen, diverse Dompteurnummern (vielleicht erbarmt sich ja ein Hund, mitzuspielen, Katzen werden Sie im Leben nicht dazu überreden können, ansonsten sind Stofftiere bei so was wirklich geduldig, und Elefanten, die aus zwei Kindern, einem Laken und einem Stück Schlauch gebastelt werden), Clowns dürfen natürlich nicht fehlen, ebenso wenig wie diverse Akrobatennummern (ein Jongleur, vielleicht? Alles, nur kein Feuerschlucker)

und der berühmte Zirkusdirektor!

• • •

Lasst euch verzaubern vom Zirkus

....

und bewundert waghalsige Akrobaten,
Tierdompteure und Clowns.
Staunt über zahlreiche
nie da gewesene Attraktionen!

Vorstellung am

....

um

....

und zwar hier

....

Eintritt

....

Zirkus! Eintrittskarte · Platz	1
Zirkus! Eintrittskarte · Platz	2
Zirkus! Eintrittskarte · Platz	3
Zirkus! Eintrittskarte · Platz	4
Zirkus! Eintrittskarte · Platz	5
Zirkus! Eintrittskarte · Platz	6
Zirkus! Eintrittskarte · Platz	7
Zirkus! Eintrittskarte · Platz	8
Zirkus! Eintrittskarte · Platz	9

Was die Zirkusleute gebrauchen können

★ Trampolin
★ Schwungtuch
★ Bettlaken
★ Jonglierbälle
★ bunte Tücher
★ Zauberkasten ...

ausnahmsweise sind hier mal keine Spannbettlaken von Vorteil ...

... ★ Zylinder ★ Reitgerte ★ Springseile ★ Wäscheleinen ★ Seifenblasen ★ Sägemehl ★ Stofftiere ★ Regenschirm (für die Seiltänzerin) ★ Planschbecken (für die Robbendressur, vielleicht?) ★ Gymnastikbänder ★ Wasserbälle (auch für die Robben) ★ alles, was die Verkleidungskiste so hergibt ★ schmissige Zirkusmusik (damdamdadadadadamdamdada) ★ Hula-Hoop-Reifen ★ ein Schaukelgerüst ★ Karnevalsschminke ★ Musikinstrumente (vor allem eine Trommel für den berühmten Trommelwirbel. (Geht zur Not auch mit Kochtöpfen und Schneebesen) ★ Flöhe ★ Bauchrednerpuppen ★ Wimpelketten ★ Stelzen ★ viele Kissen als Sitzgelegenheit für die zahlreichen Zuschauer ★

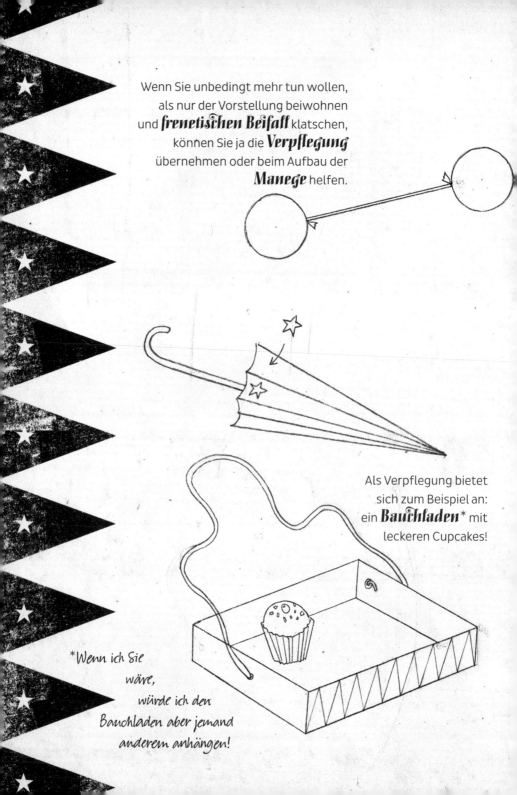

Wenn Sie unbedingt mehr tun wollen, als nur der Vorstellung beiwohnen und **frenetischen Beifall** klatschen, können Sie ja die **Verpflegung** übernehmen oder beim Aufbau der **Manege** helfen.

Als Verpflegung bietet sich zum Beispiel an: ein **Bauchladen*** mit leckeren Cupcakes!

*Wenn ich Sie wäre, würde ich den Bauchladen aber jemand anderem anhängen!

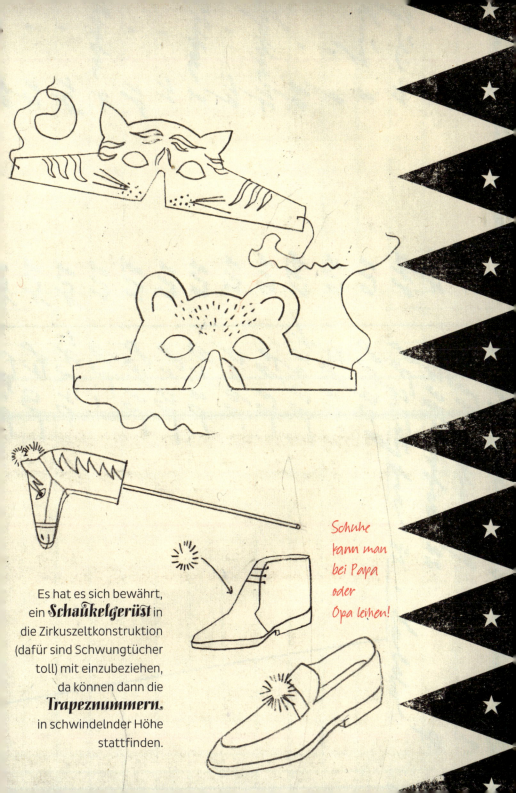

Schuhe kann man bei Papa oder Opa leihen!

Es hat es sich bewährt, ein **Schaukelgerüst** in die Zirkuszeltkonstruktion (dafür sind Schwungtücher toll) mit einzubeziehen, da können dann die **Trapeznummern** in schwindelnder Höhe stattfinden.

Die Nacht feiern.

Eigentlich schade, dass man nachts immer so schrecklich müde ist. Wenn es draußen dunkel ist, erscheint einem alles so geheimnisvoll — ganz anders als am Tag.

Vielleicht erwischen Sie ja mal so eine sternklare Nacht, in der Sie von der Nacht davor noch ganz ausgeschlafen sind* oder nicht schlafen können, weil Ihr Kind Sie wachhält oder die Sorgen oder der Vollmond. Grämen Sie sich nicht, sondern feiern Sie spontan eine Mitternachtsparty. (Mitternachtsparty heißt sie nur wegen des hübschen Namens. Und wegen Hanni und Nanni. Die Uhrzeit ist bei der Party aber egal, drei Uhr morgens geht auch. Hauptsache Nacht.)

*Kleiner Scherz, ich weiß, davon träumen Sie seit Jahren!

Das rigide Einhalten bestimmter Bettgehzeiten für Kinder ist in südlichen Ländern übrigens gar nicht üblich, da dürfen die Kinder wach bleiben, so lange sie wollen. Bei Ihren Kindern dürfen Sie ruhig auch mal Ausnahmen machen. (Besonders, wenn Sie es hassen, den halben Abend mit »Geh jetzt endlich ins Bett«-Gezeter zu verplempern, während das Kind immer wacher wird.)

Und so feiert man die Nacht

- ★ Einen Mantel über den Schlafanzug anziehen und zum Wachwerden eine Runde um den Block spazieren *(Bitte überraschen Sie dabei keinen Einbrecher wie Trudi neulich — zumal es gar kein Einbrecher war, sondern Jens Weinheimer aus Nummer 32, der von der Spätschicht kam)*
- ★ Sich alle draußen unter eine Decke kuscheln und Händchen halten
- ★ Die Sterne anschauen und sich darüber streiten, welcher nun der Polarstern ist *(ICH sage, er befindet sich in Verlängerung der hinteren Achse vom großen Wagen, etwa im Abstand von fünf Achsenlängen, aber Anton sagt, der Polarstern müsse spektakulärer scheinen, und mein Stern sei nur irgendein Stern)*
- ★ Den Nachtgeräuschen zuhören
- ★ Selber ganz still sein
- ★ Das Gesicht im Mond anschauen *(Er lächelt, sehen Sie das? Lächeln Sie zurück!)*
- ★ Ein Käuzchen rufen hören
- ★ Einen Igel treffen
- ★ Fledermäuse beobachten
- ★ Unheimliche Wesen vorbeihuschen sehen *(werden auch Unwesen genannt, sobald man das Licht anknipst, sind sie aber verschwunden)* und sich ein bisschen gruseln und noch enger kuscheln
- ★ Einen Melissentee trinken oder heiße Milch mit Honig *(oder Rotwein, aber wir wollen nicht den Eindruck erwecken, als würden wir zu jeder Gelegenheit Alkohol empfehlen)*
- ★ Sich wegen morgen keine Sorgen mehr machen
- ★ Den Kühlschrank für ein kleines nächtliches Picknick plündern
- ★ Eine Sternschnuppe sehen und sich etwas wünschen
- ★ Jetzt wäre auch ein guter Moment für das Abbrennen von Wunderkerzen *(da darf man sich übrigens auch was bei wünschen. Geht IMMER in Erfüllung)*
- ★ Philosophische Gespräche führen und dabei müde werden
- ★ Sich vornehmen, morgen auf jeden Fall ein Mittagsschläfchen zu halten
- ★ Sich ganz doll auf das Bett freuen
- ★ Ohne Zähneputzen ins Bett fallen – ausnahmsweise!

Mondnacht

Es war, als hätt' der Himmel
Die Erde still geküsst,
Dass sie im Blütenschimmer
Von ihm nun träumen müsst'.

Die Luft ging durch die Felder,
Die Ähren wogten sacht,
Es rauschten leis' die Wälder,
So sternklar war die Nacht.

Und meine Seele spannte
Weit ihre Flügel aus,
Flog durch die stillen Lande,
Als flöge sie nach Haus.

JOSEPH VON EICHENDORFF

Gute-Nacht-Rituale

Schlaf ....,
schlaf nur ein, bald kommt der Mond ...

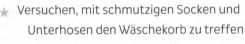

★ Versuchen, mit schmutzigen Socken und Unterhosen den Wäschekorb zu treffen
★ Ein Gute-Nacht-Lied singen
★ Ins Buch der schönen Augenblicke schreiben
★ Pläne für morgen schmieden und sich schon mal vorfreuen
★ Etwas vorlesen oder sich vorlesen lassen
★ In Reimen sprechen
(Das ist nicht so schwer und macht was her.)
★ Jedem Stofftier einzeln »Gute Nacht« sagen
★ Küssen
★ Sich gegenseitig versichern, wie lieb man sich hat
★ Unterm Bett nach Monstern suchen
(Wenn Sie welche finden, seien Sie nicht so streng mit ihnen. Vor allem nicht, wenn es draußen kalt ist. Irgendwo müssen kleine Monster schließlich schlafen.)

Ihr Nacht-Journal

Am _____ bin ich aufgestanden um _____

mit _____

Ich fühlte mich _____

Was wir machten: _____

Ihre schönsten Gute-Nacht-Rituale und Gute-Nacht-Lieder

Was wir entdeckten:

Die Nacht kam mir vor wie

Ich bin ins Bett um   und träumte von

Ach ja, und noch was:
Versuchen Sie, nicht im Streit schlafen zu gehen. Vertragen Sie sich vorher, wenn es irgendwie geht. Das ist einfach gesünder. Streiten in der Familie — ab und zu oder auch ein bisschen öfter* — ist leider nicht vermeidbar. Da lebt man auf engem Raum zusammen, jeder hat unterschiedliche Bedürfnisse und auch unterschiedliche Vorstellungen davon, wie sein Leben innerhalb dieser Gemeinschaft auszusehen hat. Kindern fällt es manchmal schwer, die von Eltern gesetzten Grenzen ohne sagen wir mal negative Gefühle zu akzeptieren, weswegen es wiederum den Eltern ja auch so schwer fällt, Grenzen zu setzen und auf der Einhaltung derselben zu beharren. Da muss man sich als Eltern öfter mal entscheiden, ob man bei seinen Kindern beliebt sein will (»Ja, Schatz, natürlich kannst du die ganze Nacht Playstation spielen, wenn du das so gerne willst.« — »Selbstverständlich kaufe ich euch Wodka für die Party, mit euren 13 Jahren seht ihr ja viel zu jung aus, um an der Kasse vorbeizukommen.«) oder ob man sie lieben will. Das ist nicht von mir, sondern von Jesper Jul.

Aber streiten Sie nicht um Kleinigkeiten, lassen Sie Ihre Kinder selber entscheiden, ob sie sich warm anziehen wollen oder nicht. Überhaupt: Trauen Sie Ihren Kindern ruhig mehr zu. Nur dann können sie auch später, wenn es wirklich darauf ankommt, vernünftige Entscheidungen treffen.

*kommt auf das Kind an. Nelly zum Beispiel braucht jeden Tag ein bisschen Streit, um sich gut zu fühlen.

Libe Mama, mir tut es auch leit das ich dich heute nicht lib hatte.

Schlaf ist ein Hineinkriechen des Menschen in sich selbst.

FRIEDRICH HEBBEL

> Wir lagen auf der Wiese und baumelten mit der Seele.
>
> »Schloss Gripsholm«
> KURT TUCHOLSKY

PICKNICK

ist immer eine gute Idee

Meine Kinder lieben Picknick. Ich auch. Wir machen mindestens einmal im Monat eins. Es ist so herrlich unkompliziert und doch so ganz anders als zu Hause am Esstisch. Man packt einfach ein paar leckere Sachen, Decken, Kissen und einen Ball ein — und los geht's. Im Park, am Weiher, draußen auf dem Land, auf dem Balkon, am Strand, unter dem Lieblingsbaum, im Garten und sogar auf dem Sofa — das ganze Jahr hindurch. Picknicken und dabei Kastanien sammeln ist genauso wunderbar wie ein Picknick im Schnee oder auf einem zugefrorenen See.*

Wir haben auch schon Picknicks im strömenden Regen getestet, aber außer Julius fand das niemand so richtig toll. Wenn das Wetter also gar nicht mitspielt, ist ein Picknick auf dem heimischen Sofa eine feine Alternative.

*Bitte nur nachmachen, wenn die Eisdecke auch zum Begehen freigegeben wurde.

und dem Hund

Sie können mit der ganzen Familie picknicken, mit Freunden, zu zweit oder ganz allein mit ihrem Lieblingsbuch — Hauptsache, Sie haben Spaß.

Von uns bereits getestet und zum Nachmachen empfohlen: ein Picknick mit neun Kindern und vierzehn (hungrigen) Stofftieren, ein echt englisches Picknick (Gitti hat Mimi so eine hübsche Picknickdecke mit einem Union-Jack-Motiv gequiltet, und dann hatten wir noch eine Flasche Pimm's …), ein Picknick auf einem Baum anstatt darunter, ein mitternächtliches Picknick, ein Geburtstagspicknick für Anton im Park (gekoppelt mit einem Bouleturnier, bei dem Männer gegen Frauen gespielt haben. Raten Sie mal, wer gewonnen hat! Ha!), ein Überraschungspicknick für Nelly mit siebzehn gasgefüllten rosa Luftballons und einer riesigen rosa Torte. (Nicht so toll war das Picknick in einem Ameisenhaufen letzten Juni … aber das ist ja angeblich gut gegen Rheuma.)

Was man alles bei einem Picknick machen kann: Auf dem Rücken liegen und Wolkenbilder raten, vorlesen (zum Beispiel die wunderbare Picknickszene aus Astrid Lindgrens »Madita«, bei der sich die Familie vor jungen Stieren auf zwei Bäume rettet, zwischen denen dann Pfannkuchen fliegen), Fußball spielen (oder Frisbee, Krocket, Federball…), sich mit den Picknicknachbarn anfreunden und Muffins gegen gefüllte Champignons eintauschen, Sirtaki tanzen, Drachen steigen lassen, Gitarre spielen und singen, Gänseblümchenkränze flechten — ach, Ihnen fällt bestimmt jede Menge ein.

außer essen

Ihre Lieblingspicknickplätze

....

....

....

Trudis schönste Picknickerinnerung

Bei Vollmond auf dem Dach eines Hochhauses mit ... wie hieß er noch gleich? Wir hatten so viel Spaß, dass wir verhaftet wurden.

Mimis Lieblingspicknickplatz

Auf einer Mohnblumenwiese auf Kreta. Da hat Ronnie mir einen Heiratsantrag gemacht...

♡ ♡ ♡

Mit wem Sie demnächst ein Picknick veranstalten wollen

COLIN FIRTH, ...

....

Picknickrezepte

Wenn man den entsprechenden Aufwand nicht scheut, kann man natürlich auch bei einem Picknick ein Vier-Gänge-Menü mit Suppen und Soufflés servieren, aber einfacher ist es mit den Picknickklassikern: Sandwiches, Muffins, Hackbällchen, vielleicht einem Blech Zwiebelkuchen oder bereits portionsweise abgefüllten Salaten, Pfannkuchen, kleingeschnittenem Obst und Käse. Bei einem Picknick zu zweit dürften durchaus ein paar Erdbeeren und eine Flasche Champagner ausreichen, je nachdem, was Sie sonst noch so vorhaben. Und für ein kleines Spontanpicknick braucht man manchmal nicht mal Verpflegung: Als Julius und ich neulich auf dem Rückweg von seinem Blockflötenunterricht diese Bank unter dieser verschwenderisch blühenden Japanischen Kirsche entdeckten, da genügten uns zwei Hustenbonbons.

Ronnies Rezept.fi

1 WÜRFEL FRISCHE HEFE | 75 ml Wasser
75 ml Vollmilch
½ TL Meersalz | 3 ESSLÖFFEL RAPSÖL
1 Prise ZUCKER

für den Belag:

225 g saure Sahne
3 EL Olivenöl
3 Eier
frischer Schnittlauch
Salz und Pfeffer ♥
350 g Zwiebeln.

UND WENN SIE MÖGEN MIT ETWAS KÜMMEL!

WIEBELKUCHEN

Zubereitung

Milch und Wasser auf lauwarme Temperatur bringen und mit der Hefe und dem Zucker verrühren. **15 Minuten** ruhen lassen.

Anschließend Mehl, Öl und Salz mit dem Hefeansatz zu einem Teigklumpen verkneten.

Zugedeckt **45 Minuten** gehen lassen. Anschließend ausrollen und ein eingefettetes Backblech damit auslegen.

Zwiebeln schälen und in feine Ringe schneiden. Das Olivenöl erhitzen und die Zwiebeln darin glasig braten. Auf dem Teig verteilen. Eier und saure Sahne miteinander verquirlen. Mit Salz und Pfeffer (und eventuell Kümmel) abschmecken, die Masse über den Zwiebelkuchen gießen.

Bei 200°C ca. **20–30 Minuten** backen, bis der Eierguss ganz gestockt und leicht gebräunt ist.

Anschließend mit dem feingehackten Schnittlauch bestreuen.

Der Augenblick ist Ewigkeit.
J. W. VON GOETHE ← *bekannter Picknick-Liebhaber*

Herbst

Durch Laub rascheln

Rotbackige Äpfel bewundern

DAHLIEN!!

Kastanien sammeln

Teelichter- und Kerzenvorrat auffüllen

Weck- männer verschenken

Die erste Schneeflocke sehen

Die verdammten Winterreifen aufziehen

Im Supermarkt Spekulatius und Lebkuchen entdecken

Drachen steigen lassen

KÜRBISSUPPE KOCHEN

Dies ist ein Herbsttag, wie ich keinen sah!
Die Luft ist still, als atmete man kaum,
Und dennoch fallen raschelnd, fern und nah,
Die schönsten Früchte ab von jedem Baum.
O stört sie nicht, die Feier der Natur!
Dies ist die Lese, die sie selber hält,
Denn heute löst sich von den Zweigen nur,
Was von dem milden Strahl der Sonne fällt.

FRIEDRICH HEBBEL

Ein allerletztes Mal im Café draußen sitzen

Ein ganzes Blech voll ~~Glück~~ Zwetschgen-kuchen backen

Einen Kürbis aushöhlen

Die ersten Mandarinen schälen

HERBSTNEBEL BETRACHTEN

Am 11. November ist Sankt Martin, und in vielen Teilen von Deutschland wird in dieser Woche das Martinsfest gefeiert, mit Laternenumzügen und Weckmännern. Bei uns gehen die Kinder auch gruppenweise mit ihren Laternen von Haustür zu Haustür und singen Martinslieder, im Gegenzug bekommen sie Süßigkeiten. (Nicht zu verwechseln mit Halloween am 31. Oktober, da singen die Kinder nicht, da schreien sie nur unfreundlich »Süßes oder Saures!« und sehen gruselig aus.)

Das Laternenbasteln ist ein sehr empfindliches Thema bei uns — Gitti wollte eine Bastelvorlage erstellen, aber wir vertreten alle die Meinung, dass Kinder ihre Laternen gefälligst selber basteln sollen. Die Kinder sind ausnahmsweise mal unserer Ansicht.*

MERKE: IM HERBST STEHEN ANDAUERND KINDER VOR DER TÜR — KAUFEN SIE ALSO GENÜGEND SÜSSIGKEITEN AUF VORRAT!

*Jasper waren Annes Laternen schon im Kindergarten immer peinlich.

Was Sie am Herbst mögen.

Wieviele
Kürbissuppen
haben Sie gekocht?

Wieviele
Kastanien
haben Sie gesammelt?

Eine **Schnitzeljagd** ist der Klassiker auf Kindergeburtstagen, aber auch zwischendurch immer wieder nett. Geo-Caching ist natürlich mindestens genauso cool, aber machen Sie doch ruhig mal wieder so eine richtig schöne altmodische Schatzsuche ...

Der SCHATZ —
Das kann so ziemlich alles sein, Lieblingssüßigkeiten, kleine Geschenke, große Geschenke, eine Torte, etwas, das glitzert, ein geheimnisvoller Brief, eine weitere Schatzkarte (haha) oder vielleicht auch eine überaus lebendige Überraschung: An der markierten Stelle könnte der lang verschollene Schulfreund warten oder die Oma, die eigentlich in einem anderen Bundesland wohnt ...

... 5 Schritte nach rechts, 3 Radschlag-Längen geradeaus, bis zur großen schiefen Eiche da hinten gelaufen, über die Steine im Fluss gehüpft, ...

MOOS SAMMELN

Unterwegs kann man zum Beispiel...

SCHWÄNE FÜTTERN

WALDAMEISEN BEWUNDERN

EINEN LIMONADENBAUM FINDEN

EINEN KUCKUCK RUFEN HÖREN

- INITIALEN IN EINEN BAUM SCHNITZEN
- BESSER KEINE BROMBEEREN ESSEN, WEGEN DES BLÖDEN FUCHSBANDWURMS
- RINDENSCHIFFCHEN FAHREN LASSEN
- STEINE AUS DEM SCHUH SCHÜTTELN
- DIE FUSSABDRÜCKE EINES WOLFRUDELS ENTDECKEN (ODER VON SCHMITZENS LASSIE)
- HERR UND FRAU SCHMITZ UND IHREN HUND LASSIE TREFFEN
- BEINAHE ECHTE ELFEN SEHEN
- DEN SCHATZ FINDEN!

Regentage feiern.

Ich weiß, ich weiß — aber Feiern ist immer eine gute Alternative zum Amoklaufen.
Gehen Sie trotzdem raus. Wozu haben Sie denn diese wunderbaren Gummistiefel? Und Kapuzen. Und Regenschirme. Nehmen Sie ein paar Dinge mit, die in Pfützen schwimmen können, Rindenschiffchen, Papierboote, Badeentchen. Waten Sie mit den Gummistiefeln durch Pfützen. Hach, Pfützen — können Sie sich noch daran erinnern, wie fabelhaft Sie Pfützen fanden, als Sie klein waren? Wenn nicht, fragen Sie Ihre Kinder.

Singen Sie **Singin' In The Rain**, und tanzen Sie dabei mit Ihrem Schirm wie Fred Astaire.

Wie gesagt, es ist alles besser als Amok zu laufen.

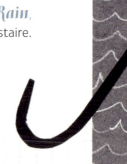

Malen Sie den Umriss des schönsten Regentropfens an der Fensterscheibe hierhin

Was Sie und Ihre Kinder drinnen tun können

- Sich freuen, dass Sie endlich im Trockenen sind
- Eine Wand neu streichen (vielleicht gleich die im Flur mit den Schlammspritzern dran)
- ~~Aufräumen~~
- Eine Geisterbahn durch die ganze Wohnung bauen
- Sich gegenseitig seine Lieblingslieder vorspielen
- Den Tropfen an der Fensterscheibe zuschauen
- Ein Kasperlestück ausdenken und aufführen
- Eine Kuschelecke bauen
- Sich gegenseitig durchkitzeln
- 3 x hintereinander behaupten, dass Sie Regen lieben ♥♥♥

Was Sie bei Regen am liebsten tun.

Reisen Sie auf dem fliegenden Bett wo es warm und trocken ist ... Das genug für jede Menge Passagiere unter schon mal die Wüste Gobi sehen wollten. nicht mit, denn sie sind Spielverderber würde gar nicht fliegen und sie könnten sehen und erst recht keine verzauberte Schneeprinzessin. Und die Katze springt garantiert ab, wenn sich das fliegende Bett über dem indischen Ozean befindet ... dumm ...) Das Bett kann natürlich genauso gut ein Schiff sein. Oder beides. Und man braucht auch nicht unbedingt ein Bett: Es gibt schließlich noch fliegende Teppiche und Sofas. irgendwohin, Ehebett ist groß zehn Jahren, die immer (Ältere Kinder dürfen leider und behaupten, das Bett auch nicht das Matterhorn

Regentage-Filme

- SCHRÄGER ALS FIKTION
- LEOPARDEN KÜSST MAN NICHT
- BROT UND TULPEN
- DIE KINDER DES MONSIEUR MATHIEU
- FLUCH DER KARIBIK
- ICH UND DU UND ALLE, DIE WIR KENNEN
- FRÜHSTÜCK BEI TIFFANY
- HAROLD UND MAUDE
- DER PARTYSCHRECK
- LITTLE MISS SUNSHINE
- BARFUSS IM PARK

Unser Lieblings-Cupcakes-Grundrezept

reicht für 12 große Muffinförmchen*

Zutaten:

- 130 g Mehl
- 130 g weiche Butter
- 2 große Eier
- 1 Teelöffel Vanillezucker oder der Inhalt einer Vanilleschote
- 120 g feiner Zucker
- 1/2 Teelöffel Backpulver

*Bei Mimi reicht es für 16 Förmchen, keine Ahnung, wie sie das macht.

Die Lieblings-Cupcakes passen eigentlich immer, in guten wie in schlechten Zeiten. Und das Rezept ist so einfach, dass man das Backen ruhig auch mal den Kindern überlassen kann. Vor allem, wenn sie gerne rühren.

Den Backofen auf 180 °C (Umluft) vorheizen. Die weiche Butter mit den Eiern und dem Zucker in einer Rührschüssel mit dem elektrischen Rührgerät auf mittlerer Stufe mindestens 7 Minuten schön schaumig rühren, das Mehl mit dem Backpulver mischen und in die Schüssel sieben, das Ganze dann vorsichtig auf der niedrigsten Rührstufe vermischen. Achtung, Teig wird relativ fest und lässt sich nicht gießen. (Wenn Sie das möchten, dann fügen Sie noch einen Schluck – oder zwei oder drei – Milch oder Buttermilch hinzu. Dann sind es zwar völlig andere Muffins – aber auch lecker!) Man füllt ihn mit Hilfe von zwei Löffeln in die Muffinförmchen. Die Backzeit beträgt 15 – 20 Minuten.
(Sie kennen Ihren Herd am besten und holen die Dinger einfach raus, wenn sie schön goldbraun sind.)

Dieses Grundrezept können Sie mit allen möglichen Zutaten variieren, indem Sie frische Obststückchen, grobgehackte Schokolade, Nüsse, Zimt, Kokosflocken, feingeriebene Zitronenschale oder von allem etwas unter den Teig heben.

Trudi hat neulich mit Lakritz experimentiert ... – Lassen Sie das lieber!

Verzieren und/oder mit einem Topping versehen können Sie die Muffins ebenfalls nach Belieben, das Auge isst ja schließlich mit, nur bei uns werden sie leider meist schon aufgegessen, bevor sie ausgekühlt sind.

Topping Grundrezept:

300 g Puderzucker   **100 g Butter**   **100 g Frischkäse**

Die Zutaten langsam zu einer glatten Creme verrühren, dann auf den ausgekühlten Muffins verteilen. Das Grundrezept kann wie das Teigrezept durch diverse Zutaten variiert werden:

2 Esslöffel Kakao,
bunte Lebensmittelfarbe,
Kokosflocken,
eine Handvoll pürierter Himbeeren
u.s.w. u.s.f.

Übrigens:
Backen und Lachen verbrauchen 200 Kalorien pro Stunde, mindestens.

Manchmal ist Kuchen Medizin.

Cupcakes machen glücklich.
(Trampolinspringen natürlich auch. Aber versuchen Sie nicht beides gleichzeitig.)

Wenn mal was nicht gelingt, seien Sie bloß nicht traurig.
Sie können immer noch eine Schürze anziehen, auf der steht:

Ganz leicht selber zu machen mit unserer Bügelfolie!

Oder was auch immer Sie besser können.

Wenn Sie gerade eine Diät machen,
schenken Sie die Cupcakes Ihrer dünnen Nachbarin.

Die Lieblings-Backbücher der Mütter-Mafia:
Dagmar Reichel — KOMM ZUM KAFFEEKLATSCH
Marian Keyes — GLÜCK IST BACKBAR

Ihre liebsten Extra-Zutaten:
_____
_____
_____

Liebeskummer ~~feiern~~ angemessen zelebrieren.

Keine Sorge, ich habe nicht vergessen, wie mies man sich bei Liebeskummer fühlt und dass einem wirklich nicht nach Feiern zumute ist, wenn sich ein glühender Dolch ins Herz bohrt (nein, das ist NICHT zu dramatisch formuliert!!!), der ganze Körper schwer wie Blei ist und man genau weiß, dass man nie, NIE mehr im Leben lachen wird. Oder sich in einen anderen verlieben.

Aber, na ja, wo er doch nun schon mal da ist, der Liebeskummer, kann man eigentlich auch das Beste draus machen, oder nicht?

Für eine stilechte Liebeskummerparty braucht man: Mindestens *eine gute Freundin*, besonders weiche *Papiertaschentücher*, am besten eine Großpackung (oder zwei oder drei, falls die Freundinnen mitweinen wollen!), die passende *Musik* *, ein paar *DVDs* — gerne auch Filme ohne Happy End oder Tierdokumentationen, jede Menge zu essen und zu trinken (lauter *Lieblingsspeisen* natürlich! Weil Liebeskummer so viele Kalorien verbraucht, muss man auch gar kein schlechtes Gewissen haben …) und — sehr wichtig — als Partykleidung ausgeleierte *Lieblingsjogginghosen*.

Jungs leiden bei Liebeskummer übrigens genauso wie Mädchen. Und Männer (fast) genauso wie Frauen.

*Tracklist umseitig!

Grund für Liebeskummer ist in **99 Prozent** der Fälle unerwiderte Zuneigung oder, anders ausgedrückt: Wir lieben jemanden, der uns nicht liebt und deshalb auch nicht haben will. (Oder er liebt uns, aber er will seine Frau nicht verlassen. Oder er will uns haben, aber nur einmal im Monat — egal, das läuft alles auf dasselbe hinaus.) Das Ziel einer Liebeskummerparty ist es, diesen Fakt — er/sie will dich nicht! — am Ende zu akzeptieren und nach vorn zu schauen.

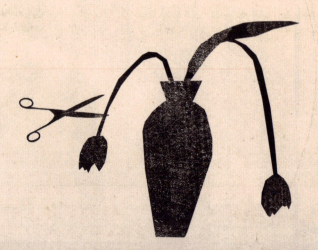

Die beste Liebes-kummerparty-MUSIK

THAT'S WHAT FRIENDS ARE FOR
Dionne Warwick
UNBREAK MY HEART Toni Braxton
FAST DRÜBER WEG Ina Müller
EIN HERZ KANN MAN NICHT REPARIEREN
Udo Lindenberg
NOTHING COMPARES TO YOU
Sinead O'Connor
TAKE THIS LONGING Leonard Cohen
FAR FROM ME Nick Cave
FLUGZEUGE IM BAUCH
Herbert Grönemeyer
FIX YOU Coldplay
SOMEONE LIKE YOU Adele
AIN'T LIFE A BROOK Ferron
YOU'RE SO VAIN Carole King

Die besten Liebes-kummerparty-FILME

DIE KAMELIENDAME
TITANIC
POCAHONTAS
DIE BRÜCKEN AM FLUSS
VOM WINDE VERWEHT
BROKEBACK MOUNTAIN
SO WIE WIR WAREN
AUF WIEDERSEHEN, KINDER

Liebeskummerparty-BINGO

ER IST EINFACH EIN TOTALER EMOTIONALER KRÜPPEL.	
GAR NICHT! DU SIEHST WUNDERBAR AUS!!!	
DIE KANN DIR ABSOLUT NICHT DAS WASSER REICHEN.	
ICH KONNTE IHN SOWIESO NIE AUSSTEHEN.	
ER WIRD SCHON SEHEN, WAS ER DAVON HAT.	

SO GEHT'S:
Sobald jemand einen der Trostsätze ausspricht, wird er auf der Karte durchgestrichen. Ist alles durchgestrichen, fließt Champagner!

ER HAT DICH GAR NICHT VERDIENT.	ICH HABE DIR GLEICH GESAGT, ER IST EIN ARSCHLOCH.
ICH VERSTEHE DAS EINFACH NICHT!	HÄNDE WEG VOM TELEFON!!!!!!!!!!
ES IST NICHT DEINE SCHULD, MERK' DIR DAS!	DIE ZEIT HEILT ALLE WUNDEN.
DU HAST DOCH MICH/UNS!	ICH WEISS GENAU, WIE DU DICH FÜHLST.
ER WAR DIE LIEBE MEINES LEBENS!	SIEH MICH DOCH AN! KEIN WUNDER, DASS ER MICH NICHT LIEBT!

Weitere Partyspiele:

Dart mit einem Foto auf der Wurfscheibe, **Liebesbriefe verbrennen**, **Karaoke** (»The winner takes it all!«), **DVD-Synchronsprechen** (dazu den Ton ausdrehen und die Ihrer Fantasie sind keine Grenzen gesetzt), **Kickboxen**-Videokurs machen, **einmal um den Block fahren** und die geschenkten **Kuscheltiere** in den Vorgarten seiner neuen Freundin werfen.**

** Bitte vorher NICHT in Benzin tränken und anzünden, wie Trudi das mal gemacht hat.

MARCEL PAGNOL

LIEBESKUMMER IST WIE EIN DIAMANT: MAN SOLLTE IHN MIT FASSUNG TRAGEN.

Achtung — Party könnte mehrere Tage andauern.

Knock-out

Bei Erwachsenen darf ruhig auch ein bisschen ~~viel~~ Wein serviert werden.

Oder – in sehr, sehr schlimmen Fällen – *Trudis Knock-out-Liebeskummer-Bowle*. Dafür wird ein Liter *Vanilleeis* in den Bowletopf gekippt, darüber zwei Flaschen *Orangensaft* und eine Flasche *Wodka* oder *Gin* (also das Zeug, das man sonst nie trinkt). Kann man noch mit *Orangen- oder Zitronenscheiben* und *Minzeblättern* verschönern, muss man aber nicht.

★ DIONNE WARWICK

★ KEEP SMILING, KEEP SHINING KNOWING YOU CAN ALWAYS COUNT ON ME, FOR SURE THAT'S WHAT FRIENDS ARE FOR

★ WILLIAM SHAKESPEARE

★ DER KUMMER, DER NICHT SPRICHT, NAGT AM HERZEN, BIS ES BRICHT.

★ FRIEDRICH NIETZSCHE

HAST DU EINE GROSSE FREUDE AN ETWAS GEHABT, SO NIMM ABSCHIED! NIE KOMMT ES ZUM ZWEITEN MALE.

(Nanana, nun mal nicht so pessimistisch, Herr Nietzsche! Das wird schon wieder.)

Last-Minute-Geschenke für alle Gelegenheiten.

(Und falls Mann und Kinder mal keine Idee für SIE haben, hier werden sie ebenfalls fündig.)

Gutschein für:

1× Kuchen

_____

_____

Für _____

Von _____

Gutschein für:

1× Fußmassage

_____

Für _____

Von _____

Gutschein für

1× *freier Tag*

für _____ von _____

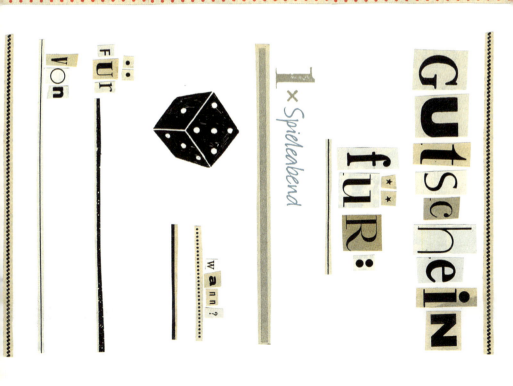

Gutschein

fuR:

1x heiraten

füR _____

Von _____

Gutschein

fuR:

1x Kerzenlicht-Rendezvous um Mitternacht im Badezimmer

füR _____ wann? _____

Von _____

Gutschein für:

Von

für:

1×

Einkaufsbummel

Gutschein
für

1× _____

für _____ Von _____

Trösten und sich trösten lassen.

Schlimme Sachen passieren leider. Rotkehlchen fliegen gegen die Fensterscheibe. Die Arbeitsstelle wird wegrationalisiert. In Mathe gibt es eine glatte Fünf. Er liebt eine andere Frau. Die Oma stirbt. Die beste Freundin zieht in ein anderes Bundesland. Jemand hat sich das Bein gebrochen. Etwas hat ganz und gar nicht geklappt. Davor kann einen leider auch nicht die optimistischste Lebenseinstellung bewahren — manches lässt sich beim besten Willen nicht schön denken. Aber man kann sich gegenseitig trösten, aufmuntern, helfen und Mut machen — zu wissen, dass man nicht allein ist, ist oft schon der größtmögliche Trost.

> Das ganze Leben ist ein Versuch.
> Je mehr Versuche du durchführst, desto besser.
>
> RALPH W. EMERSON

Antons Durchhalte-Kartoffelsuppe

Eigentlich wollte Anton uns das Rezept nicht verraten, angeblich ist es ein Geheimnis seiner Großmutter, die es wiederum von ihrer Großmutter anvertraut bekommen hat. Aber da diese Suppe magische Kräfte besitzt und jedem, der sie isst, Zuversicht und neuen Mut verleiht, fanden wir, man dürfe sie der Allgemeinheit auf keinen Fall vorenthalten.

Zutaten (für 4 Personen)

- 500 g Kartoffeln
- 2 Eigelb
- 1 EL Butter
- 1 Prise geriebene Muskatnuss
- 1 l Fleischbrühe
- Pfeffer + Salz
- 1 Bund Suppengrün
- gehackte Petersilie
- 1/8 Liter Sahne
- 1/2 TL getrockneter Majoran

Kartoffeln schälen und in Würfel schneiden, Suppengrün putzen und kleinschneiden, mit der Fleischbrühe aufgießen, und bei mittlerer Hitze **ca. 20 Minuten** köcheln lassen. Anschließend mit dem Pürierstab zerkleinern und **drei Minuten** auf niedriger Hitze ziehen lassen. Mit Salz, Pfeffer, Majoran und Muskatnuss abschmecken, die Butter dazugeben. Das Eigelb mit der Sahne verquirlen und in die sehr heiße Suppe geben. Untermontieren, aber nicht mehr kochen lassen. Mit etwas gehackter Petersilie servieren.

Spüren, wie die Lebenskräfte zurückkehren ...

Aufstehen, Krone richten, weitergehen.

AUS CHINA

HOFFNUNG IST WIE DER ZUCKER IM TEE. AUCH WENN SIE NOCH SO KLEIN IST, VERSÜSST SIE ALLES.

(Das gilt nur für echte Sorgen. Deshalb: In Ernstfällen lieber Tee trinken als Rotwein.)

WENN WIR SCHON DIE GROSSEN PROBLEME NICHT FÜR JEMANDEN LÖSEN KÖNNEN, SOLLTEN WIR WENIGSTENS VERSUCHEN, IHM DIE KLEINEN VOM HALS ZU HALTEN ...

NICHT AUS CHINA

ROBERT MUSIL

ES HAT KEINEN SINN, SORGEN IN ALKOHOL ERTRÄNKEN ZU WOLLEN, DENN SORGEN SIND GUTE SCHWIMMER.

Ein paar Erste-Hilfe-Maßnahmen für Ernstfälle

+
Ins Bett gehen. Auch mitten am Tag.
+
Ein heißes Bad nehmen
+
Weinen
+
Sich ganz fest drücken lassen
+
Sich die Katze auf den Bauch legen
+
Einen Luftballon steigen lassen
+
Mama anrufen
+
Kopfstand machen und versuchen, die Dinge aus einer anderen Perspektive zu betrachten
+
Etwas kaufen, das man sich schon lange wünscht
+
Eine Trostwimpelkette basteln
+
Die Sorgen mit Seifenblasen in die Luft pusten
+
Pläne für demnächst schmieden
+ + +

Winter

Wenn es Ihnen so geht wie uns, dann kommt Ihnen der Winter immer ein bisschen zu lang vor. Irgendwie ist nach Weihnachten und Silvester die Luft raus. Aber es dauert noch viele Wochen, bis der Frühling kommt, daher hilft nur eins:

♥♥♥ *Das Beste draus machen* ♥♥♥

Gründen Sie einen **Winterabendvorleseclub**. Dazu gibt es heißen Kakao oder Kinderpunsch und Bratäpfel, idealerweise vor einem Kaminfeuer, alternativ zünden Sie einfach Kerzen an. Lesen Sie Kinderbuchklassiker wie »Die Brüder Löwenherz«, »Ronja Räubertochter«, »Kalle Blomqvist« (okay, eigentlich ALLES von Astrid Lindgren), »Emil und die Detektive«, »Die rote Zora«, »Krabat«, »Die unendliche Geschichte«, »Timm Thaler« … Das ist auch für die größeren Kinder noch schön, ansonsten bilden Sie vielleicht zwei Gruppen, wie wir: Die Kleinen trafen sich im letzten Winter bei Anne, die Großen bei mir.

Warmer Punsch,
für 4 Personen, ohne Alkohol!*

Eine **Flasche roter Traubensaft** mit dem **Saft einer Orange** und **einer Zitrone** mischen und mit **2 Stangen Zimt** und **Sternanis** (oder Ster-Nanis, wie Anne immer sagt) erhitzen, aber nicht kochen. Eventuell mit etwas **Honig** süßen.

AUS DER REIHE VÖLLIG ÜBERFLÜSSIGER BAUERNREGELN:

SCHREI'N IM FEBRUAR DIE SPATZEN, GIBT'S IM MAI GANZ VIELE KATZEN.

DER WINTER IST KEINE JAHRESZEIT, SONDERN EINE AUFGABE.
SINCLAIR LEWIS

*ausnahmsweise mal!

Bratäpfel

Schneiden Sie aus dem Apfel vorsichtig das Kerngehäuse heraus, aber so, dass der Apfel noch einen Boden hat. Den entstandenen Hohlraum füllen Sie mit einer Mischung aus **Marzipanrohmasse**, **Nüssen**, **Mandeln**, einem **Flöckchen Butter** und etwas **Zucker**. Sie können auch **Rosinen** dazutun, wenn Sie sie mögen, und das Ganze mit **Zimt** würzen. Die Äpfel kommen für **20 Minuten** bei **140 °C** in den vorgeheizten Backofen.

Mitten in der Nacht aufwachen und merken, dass sich etwas verändert hat – und richtig: DRAUSSEN HAT ES GESCHNEIT.

Es gibt Menschen, die können Schnee riechen. Sie auch?

Mütze, Stiefel, Schal, Handschuhe!! So herrliche Kleidungsstücke. Nutzen Sie die Zeit, in der Sie sie noch tragen können, weidlich aus.

kuscheln, kuscheln, kuscheln

Die Sommerferien planen

EISLATERNEN BAUEN
Dazu ein größeres Gefäß mit Wasser füllen und ein zweites, kleineres Gefäß in das große stellen. Das Ganze über Nacht draußen frieren lassen. Dann kurz in warmes Wasser tauchen und die Eisform aus den Gefäßen lösen. Dann schnell wieder raus damit.

Schon um vier Uhr nachmittags Kerzen anzünden

Schneeflocken mit der Zunge auffangen

Stricken. Zum Beispiel eine Mütze. Oder eine Decke. Oder dicke Socken.
(Gitti bietet im Januar immer Strick-Workshops an, der nächste heißt: Wir stricken dem Winter ein Schnippchen.)

SCHNEE-GLÖCKCHEN

Eislaufen, Schlitten fahren, über den Bürgersteig schlidderten, die Eisdecke von Pfützen krachen lassen ...

¡Karneval!
Für alle, die ihn mögen, eine großartige Ablenkung vom Winter. Und bis Sie den Rausch ausgeschlafen haben, ist es schon Frühling.

Im letzten Winter fiel bei uns für drei Tage die Heizung aus. Wir haben alle auf einem Matratzenlager vor dem Kachelofen geschlafen. War SEHR gemütlich.

(So im Nachhinein.)

Backen und Kochen
(Irgendwas mit Gemüse. Sie brauchen jetzt alle sehr viele Vitamine!)

Blumen kaufen
Wenn Ihnen keiner welche schenkt (diese Stoffel!!), dann kaufen Sie sich selber welche. So ein Tulpenstrauß auf dem Tisch macht auf jeden Fall glücklich. (Und die Kinder finden es toll, dass die Tulpen noch wachsen und über Nacht aus der Vase rauskriechen wollen.)

Die Dunkelheit genießen, zum Beispiel mit Schattenspielen an der Wand. Schattenjagden quer durch die Wohnung machen auch Spaß.

Merken, dass es morgens wieder ein bisschen früher hell wird. Und die Vögel singen hören und wissen, dass der Frühling nicht mehr weit ist.

Die Sonne scheint, aber es ist ungefähr vier Grad minus? Ganz warm anziehen, draußen in der Sonne eine Tasse Cappuccino/Tee trinken, die Augen schließen und vom Sommer träumen. Wenn Sie mutiger sind, machen Sie ein richtiges Picknick. SEHR warm anziehen.

Doch an den Fensterscheiben,
Wer malte die Blätter da?
Ihr lacht wohl über den Träumer,
Der Blumen im Winter sah?
(Wilhelm Müller, »Winterreise« ... sehr schön melancholisch auch in der Vertonung von Schubert. Ideale musikalische Untermalung zur Winterdepression.)

In den Winternächten kann man oft ganz wunderbar die Sterne bewundern. Also warm anziehen, in dicke Decken mummeln, in den Himmel schauen und nach Kassiopeia suchen.

BASTELN (zum Beispiel eine Winterwimpelkette)

Pyjama-Party

Man braucht dazu:
Eine bis fünf Freundinnen,
ein gemütliches Matratzenlager,
ein bisschen Verpflegung
und natürlich PYJAMAS.

am besten gemeinsam zubereiten

In einem bestimmten Alter können Mädchen gar nicht genug Zeit mit ihren Freundinnen verbringen. Kaum haben sie sich voneinander verabschiedet, telefonieren sie schon wieder miteinander, und niemals scheint ihnen auch nur für eine Sekunde der Gesprächsstoff auszugehen, nicht einmal nachts. Pyjama-Partys sind daher hoch im Kurs. Wenn sie versprechen, alle Unordnung und alle Spuren hinterher wieder zu beseitigen, können Mädchen ab zehn Jahren so eine Party durchaus vollkommen allein organisieren. Also: Entweder Sie halten sich raus, oder Sie feiern mit.

*Nach oben gibt es übrigens keine Altersgrenze. Wir werden noch Pyjama-Partys feiern, wenn wir 80 sind, *schwör!!!*

NIE VERGESSEN:
CHARME IST DER UNSICHTBARE TEIL DER SCHÖNHEIT, OHNE DEN NIEMAND WIRKLICH SCHÖN SEIN KANN.
SOPHIA LOREN

Für eine Pyjama-Beauty-Party braucht man zusätzlich:
Nagellack in mindestens vier Farben. Nagelfeile. Gurkenscheiben. Lockenwickler. Schminkzeug. Und eine Kamera für Vorher-Nachher-Fotos!

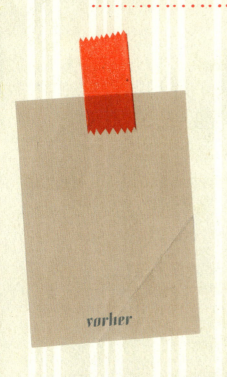
vorher

nachher

Pyjama-Party-Spiele:
Kissenschlacht. Wahrheit oder Pflicht (das einzige Spiel, bei dem man lügen darf!). *Verkleiden* (wunderbar geeignet: Hochzeitskleider von Müttern, Tanten und Großmüttern!! Oh, bitte Fotos nicht vergessen!!). *Singstar, Nobody is perfect, Scharaden,....*

SCHÖN IST EIGENTLICH ALLES,
WAS MAN MIT LIEBE BETRACHTET.
CHRISTIAN MORGENSTERN

Feuchtigkeitsspendende Gesichtsmaske zum Selbermachen:

250 g Magerquark, 2 Esslöffel Olivenöl, 1/2 zerdrückte Avocado*, 1 Spritzer Zitronensaft.
Alle Zutaten miteinander verrühren. Beim Auftragen auf Gesicht und Dekolleté die Augen aussparen. (Auf die Lider kommt ganz stilecht je eine Gurkenscheibe. Unbedingt!!)

. . . .

*Man kann auch zerdrückte Himbeeren, Ananas oder Papaya nehmen, aber ... die sind eigentlich zu schade, um sie sich ins Gesicht zu schmieren. Lieber essen. Weil Schönheit ja bekanntlich auch von innen kommt.

Kopiervorlage

Wunderbares Ganzkörperpeeling:

500 gr Meersalz, 12 Esslöffel Honig, 150 ml kaltgepresstes Olivenöl
miteinander verrühren. (Nach einer Weile wird sich das Olivenöl wieder oben absetzen, aber das ist nicht schlimm.) Das Peeling kann in kleine Schraubdeckelgläser gefüllt und als Mitgebsel mit nach Hause genommen werden. Hält sich ein paar Wochen.

Eine Pyjama-Party ist übrigens auch eine gute Gelegenheit, einen geheimen Club zu gründen und ein geheimes Freundinnen-Buch anzulegen ...

Die besten Pyjama-Party-Filme aller Zeiten (für Mädchen):
★ Stolz und Vorurteil ★ High School Musical ★ Lol ★ 10 Dinge, die ich an dir hasse ★ Grüne Tomaten ★ Natürlich blond ★ Frühstück bei Tiffany ★ Frontal knutschen ★ Plötzlich Prinzessin ★ alle Folgen von Twilight ★ DVD-Boxen von Gilmore Girls ★ Berlin, Berlin ★ How I Met Your Mother ...

Pyjama-Partys (für Jungs):
Genau wie bei den Mädchen oder aber mit riesigen Legobergen, Gruselgeschichten, Star-Wars-Rollenspielen (mit Laserschwertern, unbedingt!), Nachtwanderung, Mitternachtssuppe ...

Mitternachtssuppe

für 6 bis 8 Personen

Zutaten

- 1 Bund Frühlingszwiebeln
- 1/2 TL getrockneter Majoran
- 4 Stangen Lauch
- Olivenöl
- Sojasoße
- 400 g Hackfleisch vom Rind
- 2 Liter Wasser
- Pfeffer + Salz
- 1 Bund Petersilie
- 1 Staudensellerie
- 1 kleiner Chinakohl
- gekörnte Gemüsebrühe
- 3 Zwiebeln
- 200 g geriebener Gouda

Zubereitung

Die Zwiebeln sehr fein würfeln, die Petersilie hacken, und beides mit dem Hackfleisch und etwas Salz vermischen. Olivenöl in einem großen Topf erhitzen, und die Hackfleischmischung unter viel Rühren knusprig anbraten. Das Wasser mit gekörnter Brühe und Sojasoße mischen und zum Hackfleisch geben. Alles zum Kochen bringen. Lauch, Frühlingszwiebeln, Staudensellerie und Chinakohl putzen, in sehr feine Streifen schneiden, in den Topf geben und 10 Minuten mitkochen lassen, mit Salz und Pfeffer abschmecken. Am Schluss den Gouda unterrühren. (Wenn Gemüse in Stückchenform nicht so gut ankommt, braten Sie die Hackfleischmischung einfach separat an, und das Gemüse wird nach dem Kochen püriert. Am Schluss das Hackfleisch und den Gouda dazugeben.)

DAZU PASST BROT.

In Selbstmitleid baden.

Manchmal ist man einfach grundlos traurig. Die Kinder werden zu schnell groß. (Eben waren sie noch winzig kleine, lispelnde Wesen, und jetzt sind sie größer als man selber und sprechen mit tiefen Stimmen.) Das Wetter ist mies. Der Blick in den Spiegel macht keine Freude. Um einen herum sind alle schlecht gelaunt, und keiner hat das Katzenklo sauber gemacht. Eine Erkältung ist im Anmarsch. Jemand hat einem bei eBay diese wahnsinnig hübsche Handtasche vor der Nase weggeschnappt. Niemand hat einen lieb.

Dann ist jetzt der richtige Augenblick für ein kurzes, intensives Bad in Selbstmitleid. Es darf allerdings nicht länger als eine halbe Stunde dauern. Zu diesem Zweck sollten Sie eine Liste mit ihren melancholischsten Lieblingsliedern bereit haben. Ich heule besonders gut zu **The Moon Over Bourbon Street** von Sting und **Under The Folding Branches** von The Veils. Ich möchte, dass man das auf meiner Beerdigung spielt, zusammen mit **Perfect Day** von Lou Reed — ich wette, da fließen die Tränen in Strömen.
Wo wir schon mal dabei sind, können wir auch gleich die ganze Beerdigung planen — da spätestens sollen alle merken, was sie an uns hatten, oder? Suchen Sie ein hübsches Foto von sich aus, das an die Wand der Kapelle geworfen werden kann,
und verfassen Sie Ihr **Testament**.

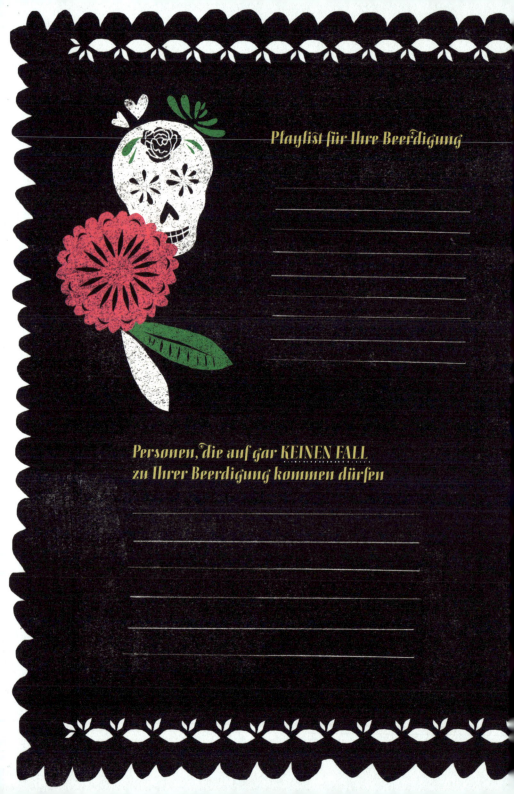

So, jetzt aber genug. Lassen Sie sich ein Erkältungsbad einlaufen, zünden Sie Kerzen dazu an, legen Sie Ihre Lieblingsmusik auf, und trinken Sie ein Glas Rotwein.
(Und nehmen Sie eine Vitamin-C-Tablette.)
Ist es nicht wunderbar, dass Ihre Beerdigung noch in weiter Ferne liegt?

Liste mit Dingen, auf die Sie sich noch freuen können

_____

_____

_____

_____

Pompons

Noch ein Basteltipp für die Bastel-Legastheniker unter uns. Pompons machen glücklich. Gut, sie sind vollkommen sinnfrei (wie schon die Wimpelketten) — aber SO hübsch. Außerdem kostet es gar nichts, sie selber zu machen, Sie brauchen nur eine Schere, Papierservietten und etwas Band. Und noch besser: Pomponbasteln ist ideal für kleine Kinderfinger. Nein, das ist keine Kinderarbeit, das ... äh ... fördert die Feinmotorik, vor allem, wenn größere Festlichkeiten bevorstehen, zu denen die Kinder auch gerne ihren Beitrag leisten möchten. Mit ein bisschen Übung und Fingerspitzengefühl können die Kleinen gemütlich basteln, während Sie Ihnen etwas vorlesen. Pompons (das Wort ist aber auch zu nett!) sind die perfekte Deko für *Hochzeiten*, *Kommunion*, *Konfirmation*, *Kaffeeklatsch*, *Geburtstage* — kurz: für einfach **alles**.

Und so geht das:

Man schneidet eine Serviette in zwei Teile und legt die beiden Bahnen (bestehend aus jeweils mindestens zwei hauchdünnen Papierschichten) übereinander.

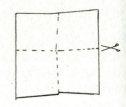

Nun faltet man die Bahnen zu einer Ziehharmonika auf. Diese bindet man in der Mitte ab, zum Beispiel mit einem farblich passenden, schmalen Satinband. Oder irgendeinem anderen Faden, den Sie gerade da haben.

Die Enden werden mit der Schere abgerundet.

Dann öffnet man die Lagen etwas, sodass die Ziehharmonika wie ein kleiner Schmetterling aussieht.

Jetzt beginnt der knifflige Teil. Aber bis auf Trudi haben das bisher alle geschafft, sogar Julius und Jasper. Man arbeitet vorsichtig die innere erste Lage aus den anderen heraus, zieht sie etwas hoch und stellt sie reihum auf.

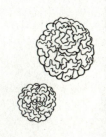

Das gleiche macht man nun hintereinander mit allen vier bis sechs Lagen. Fertig. Ist das nicht süß? Gleich noch mal, oder? Von den Dingern kann man einfach nicht genug besitzen.

Und wenn man sie irgendwann mal satt hat: Sie brennen super!

Die Hausarbeit feiern.

Wir alle* mögen es wohl lieber sauber, aufgeräumt und gemütlich als chaotisch und dreckig – aber wem macht Putzen, Spülen und Socken sortieren schon Spaß?**

Ja, okay, die Überschrift ist ein bisschen .... euphorisch. Aber »Die lästige Hausarbeit irgendwie hinter sich bringen« hat einfach nicht genügend Glamour.

* außer Nelly
** Mir: ☐ Immer ☐ manchmal ☐ nie

Morgens um zehn hat man mit viel Einsatz alles in einen perfekten Zustand versetzt, aber abends um acht ist nichts mehr zu erkennen – und am nächsten Morgen geht alles wieder von vorne los. Das ist doch .... &}¥×÷⊀$%§&}¥×$!

Deshalb sollten Sie die Hausarbeit **a)** nicht zu Ihrem Lebensmittelpunkt und **b)** auf keinen Fall alleine machen. Spannen Sie alle Familienmitglieder mit ein. Glauben Sie mir, Sie tun Ihren Kindern einen Gefallen, wenn Sie ihnen nicht alles hinterherräumen. Sie denken sonst noch mit 25, die Wäsche, die sie abends auf den Teppich fallen lassen, würde von ganz allein zwei Tage später wohlriechend und gefaltet in ihrem Schrank liegen. Verteilen Sie die Aufgaben gerecht und nach vorhandenen Vorlieben.

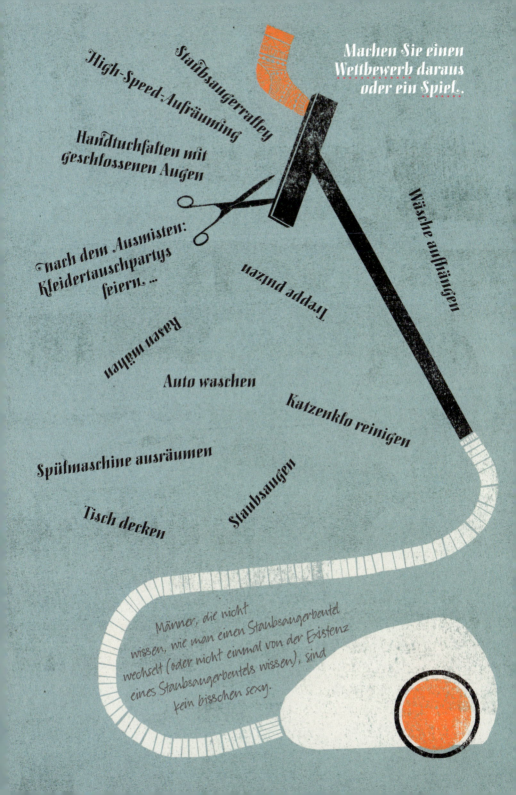

Übrigens spart man viel Platz, wenn sich viele Kinder gewisse Spielzeuge teilen: zum Beispiel die Holzeisenbahn — es gibt bei uns in der Insektensiedlung einen riesigen Holzeisenbahnkorb, in den alle Kinder ihre Schienen und Züge zusammengeworfen haben. Der Korb wandert nach Bedarf von Haushalt zu Haushalt. (Zur Zeit verläuft eine elf Meter lange Bahnstrecke durch Annes Haus.) Sämtliche Kasperlepuppen der Nachbarschaft wohnen im Augenblick bei uns. Die Murmelbahn ist diese Woche bei Mimi.

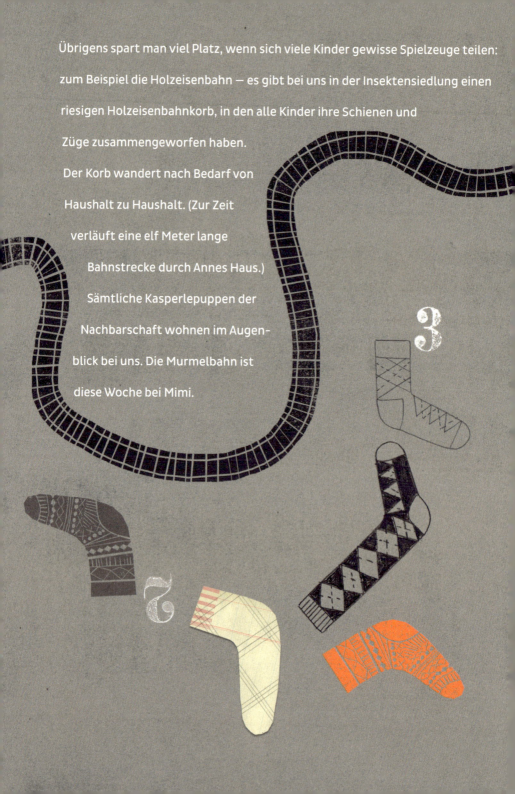

SOCKEN!

Wie viel kostbare Lebenszeit verplempert man damit, Socken zu sortieren und verzweifelt nach fehlenden Exemplaren Ausschau zu halten, die regelmäßig von Außerirdischen entführt werden? Wir spielen deshalb alle zwei Wochen mit der ganzen Familie Socken-Memory am Esstisch. Aus den überzähligen Socken können Sie Sockentiere basteln, dann sind sie ein für alle Mal aus den Füßen. (Wir haben zahllose Anleitungen dazu im Internet gefunden, aber Gitti gibt nächste Woche auch einen Workshop mit dem Titel: Süße Monster aus verwaisten Tennissocken.)

ORDNUNG IST DAS DURCHEINANDER, AN DAS DU DICH GEWÖHNT HAST.

Unter Freundinnen kann man sich die Arbeit gegenseitig ein bisschen erleichtern. Mimi zum Beispiel **bügelt** gern, Anne **kocht** dafür einen großartigen Eintopf, Paris arbeitet am liebsten im **Garten**, Rosalie **backt** himmlische Torten, Gitti hat den ultimativen Kniff raus, wie man streifenfrei **Fenster** putzt, ich liebe es, das Innere von Kleiderschränken zu **ordnen**, und Dascha kann aus zehn langweiligen Rosen im Handumdrehen ein fantastisches **Blumenarrangement** zaubern. Und ... ähm ... Trudi kann ... **Feng Shui**. Wieso sollte man da nicht mal ab und zu die eine Gefälligkeit gegen eine andere eintauschen?

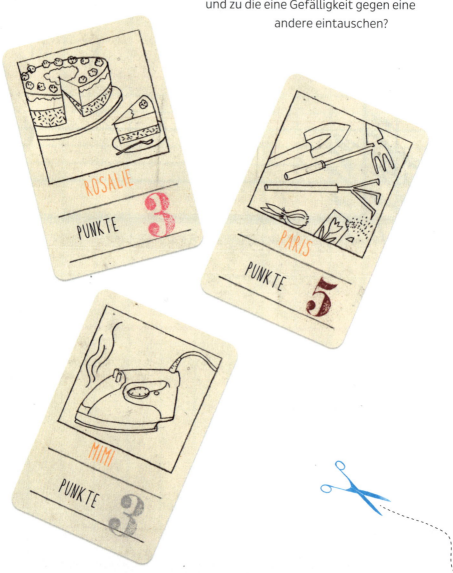

Tauschkarten

Tausche … gegen …

- 1 GRAND-MARNIER-ORANGENTORTE — PUNKTE 3
- 1 STUNDE BÜGELN — PUNKTE 5
- 1 BLECH ZWIEBELKUCHEN — PUNKTE 2
- 1 X IKEA-MÖBEL AUFBAUEN — PUNKTE 2
- 1 X MIT DEM HUND SPAZIEREN GEHEN — PUNKTE 3
- 1 X FENSTERPUTZEN — PUNKTE 4
- 1 X GESCHIRRSPÜLMASCHINE AUSRÄUMEN — PUNKTE 2
- 1 X SCHUHE PUTZEN — PUNKTE 1
- 1 X KÜHLSCHRANK AUSWASCHEN — PUNKTE 3
- 1 X SILBER POLIEREN — PUNKTE 5
- 1 X TISCH DECKEN — PUNKTE 1
- 2 STUNDEN GARTENARBEIT — PUNKTE 5
- 1 X BETTEN ÜBERZIEHEN — PUNKTE 3
- 1 X BABYSITTEN — PUNKTE 4
- 1 X WEIHNACHTSBAUM SCHMÜCKEN — PUNKTE 5
- 1 X WOHNUNG AUSRÄUCHERN — PUNKTE 3

Ich liebe dich.

Ehrlich — das kann man seinen Kindern gar nicht oft genug sagen. Oder dem Mann. Oder der Mutter. Oder der besten Freundin. Ich finde auch nicht, dass es sich mit der Zeit abnutzt, im Gegenteil, es sind immer noch die schönsten drei Worte der Welt.

»Ich liebe dich dafür, dass dir kalt ist, wenn draußen 25 °C sind. Ich liebe dich dafür, dass du anderthalb Stunden brauchst, um ein Sandwich zu bestellen. Ich liebe dich dafür, dass du eine Falte über der Nase kriegst, wenn du mich so ansiehst. (...) Und ich liebe dich auch dafür, dass du der letzte Mensch bist, mit dem ich reden will, bevor ich abends einschlafe. (...) WENN MAN BEGRIFFEN HAT, DASS MAN DEN REST DES LEBENS ZUSAMMEN VERBRINGEN WILL, DANN WILL MAN, DASS DER REST DES LEBENS SO SCHNELL WIE MÖGLICH BEGINNT.«

Harry zu Sally in HARRY UND SALLY. *
Hach.

* Übrigens, den Film sollten wir dringend noch mal anschauen. Vielleicht dazu eine kleine Harry und Sally-Party feiern?

Natürlich zeigen Sie Ihren Lieben jeden Tag allein durch Ihren Einsatz, wie sehr Sie sie lieben, aber wir finden, man kann es ruhig noch zusätzlich betonen. Ins Ohr flüstern. Oder singen.* Oder per Mail schicken. Sie können auch kleine Zettel schreiben, die Sie feierlich überreichen oder irgendwo verstecken, wo man sie später findet und sich freut. In der Manteltasche zum Beispiel, in dem Buch, das der andere gerade liest, in der Butterbrotdose oder im Portemonnaie. (Nicht so toll: im Pudding. Hat irgendwer mitgegessen.)

*Nein, du nicht, Trudi!

Herzen sagen »Ich liebe dich«, ohne dass man noch zusätzliche Erklärungen liefern muss, deshalb gibt es Herzen als Konfetti, man kann sie aus Zeitungspapier ausschneiden und mit Glitter bemalen, man kann sie in Steinform am Flussufer finden (ein Zeichen, ein Zeichen!!), in Kuchen- oder Keksform backen oder einfach irgendwohin malen. (Lippenstift am Spiegel ist okay — aber seien Sie sich darüber im Klaren, dass Sie das selber wieder wegwischen müssen.)

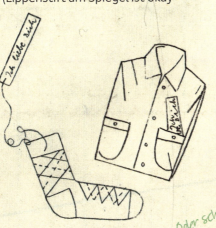

Oder schreiben Sie doch mal wieder so einen richtig schönen, klassischen Liebesbrief. Und verschicken ihn mit der Post.

Oder schreiben Sie ein *Gedicht*. Wenn Sie nicht selber dichten wollen, dann schreiben Sie eins ab. Zum Beispiel das hier. (Wenn er es mag, behaupten Sie, es sei von Ihnen. Sie können auch noch viel anzüglichere finden, wenn Sie suchen.)

Ich habe dich gewählt
Unter allen Sternen.
Und bin wach – eine lauschende Blume
Im summenden Laub.
Unsere Lippen wollen Honig bereiten,
Unsere schimmernden Nächte sind aufgeblüht.
An dem seligen Glanz deines Leibes
Zündet mein Herz seine Himmel an –
Alle meine Träume hängen an deinem Golde,
    Ich habe dich gewählt unter allen Sternen.

ELSE LASKER-SCHÜLER

Sie können Liebesbotschaften auf Fähnchen schreiben, die in Muffins stecken, auf kleine Steine, die Sie heimlich in die Anoraktasche legen (gibt es etwas Schöneres, als unvermutet so eine kleine Liebeserklärung zu finden, wenn man gerade ganz weit weg von zu Hause ist und sich allein fühlt?*) oder auf Bonbons (die findet man ganz besonders gern in Anoraktaschen, wenn man unterwegs ist und Hunger hat). Sie können Liebesbotschaften auf Kissen sticken, als Betreffzeile in eine Überweisung schreiben, als Bild an die Wand hängen oder auf ein T-Shirt drucken.

Gehen Sie ruhig verschwenderisch damit um!

*Was Sie noch alles in Mantel- und Anoraktaschen verstecken können: **Glückspfennig, Stoffschweinchen, Talisman, Kaugummi, Hausschlüssel, Einkaufszettel ...**

Liebeserklärungen
zum Abreißen und / oder Nachmachen

♥ Ich hab dich unendlich lieb.

♥ Wenn du bei mir bist, ist alles gut.

♥ Du bist die (hellste) Kerze auf meiner Torte.

♥ Du bist der Honig in meinem Tee.

♥ Ohne dich ist alles blöd.

♥ Du bist der Mond in meiner Nacht.

♥ Du bringst mein Leben zum Glitzern.

♥ Mit dir ist alles besser.

♥ Weißt du eigentlich, wie lieb ich dich habe?

♥ Ich liebe dich, egal, was auch passiert.

♥ Ich liebe dich mehr als alles andere auf der Welt.

♥ Ich will immer nur dich, dich, dich.

♥ Du bist der Schmetterling in meinem Bauch.

♥ Du bist das Salz in meiner Suppe.

♥ Ich vermisse dich, sobald du zur Tür raus bist.

♥ Du bist das Beste, das mir je passiert ist.

♥ Ich liebe dich bis zum Mond und wieder zurück.

♥ Ich geb dich nicht mehr her. Ich lieb dich viel zu sehr!

ICH LIEBE DICH DAFÜR, DASS …

schmacht!

love

Für Liebeserklärungen gilt: Sagen Sie ruhig alles, was Sie selber gern mal hören würden. Oder machen Sie sich einfach selber eine Liebeserklärung.

(Und Reimen ist gar nicht so schwer.) Das geht natürlich noch viel, viel kitschiger und gefühlvoller, mit Herz und Pathos. Versuchen Sie es mal!

Knicken Sie diese Ecke um, und schreiben Sie etwas Liebes hinein für den, der nach Ihnen in diesem Buch liest.

Kosewort-Generatorchen.

Für Babys, Kleinkinder, mittelgroße Kinder und Erwachsene. (Die Teenager nehmen wir hier besser aus, ein vierzehnjähriger »Pupsibär« versteht diesbezüglich keinen Spaß.) Im Gegensatz zum Schimpfwort-Generator können Sie das Kosewort-Generatorchen auch in aller Öffentlichkeit benutzen. (Und selbstverständlich dürfen Sie Ihren Liebsten auch weiterhin einfach nur »Liebster« nennen. Oder Klaus. Oder wie er eben heißt.)

KUSCHEL-
-TOFFEE
SCHWANEN-
-ÖHRCHEN
-MATZ
SAHNE-
WUNDER-
-KARTÖFFELCHEN
-KEKS
TEDDY-
SCHLUMMER-
MUSE-
-ERBSE
-KNUFFEL-
-SCHATZ
SÜSS-
ZUCKER-
-STERN

- TÖRTCHEN
- KULLER-
- BABY-
- SCHNITTCHEN
- SCHNUCKI-
- HONIG-
- -FEE
- -HERZ
- ZAUBER-
- -ENGEL
- -HÄLSCHEN
- KNUFFEL-
- TRÜFFEL-
- -PUTZI
- -BÄR
- MUFFEL-
- TIGER-
- -HASE
- -MAUS

-MUCKEL
ROSEN-
-TRÜFFEL
AUGEN-
WEICH-
-BABY
-DOTZ
-LI
-HÜHNCHEN
SCHOKO-
STERNEN-
-BLATT
HASEN-
-KNUFFEL
VANILLE-
-ENGEL
-KRÜMEL
-SPATZ*
-CHEN
BUBU-
-GOLD

*plus diverse andere Tiere! Eigentlich alle außer Zecke und Ziege. Und Nilpferd. Und Schlange. Und Natter. Und Sau.

HERZ-
-REH
-KRÜMEL-
-BIENE
-BLUME
-PLOTZ
-SCHMUSE-
-ZITRONE
PUPSI-
SCHNUFFEL-
-MONSTER
-WUTZI
-SCHNUTE
DUTZIWUTZI-
ZIMT-
-LEIN

Hier kann man beliebig lange Kettenwörter bilden, »du kleines Knuffelschmusemuckelschnüffeltrüffelbabylein, du!«, funktioniert wunderbar. Wenn es Ihnen zu kitschig wird (für Männer: Bei allem Sinn für Wortromantik kann es schon mal passieren, dass Ihre Liebste mit PMS auf »mein Honigengelherz, mein Augensternchen, meine Rosenfee« leicht aggressiv reagiert), kombinieren Sie den Schmusewort-Generator einfach mit dem Schimpfwort-Generator.

EKEL-
BRAT-
RÜBEN-
-KUH
-NASE

Silvester

Das Stiefkind unter den Festen — schon weil es so dicht auf Weihnachten folgt. Eigentlich ist man noch so satt und unbeweglich vom ganzen Feiertagsessen und möchte endlich mal seine Ruhe haben. Warum auch nicht? Das Gute ist ja, dass Sie den Alltag schon das ganze Jahr über so viel gefeiert haben, dass Sie es heute getrost ruhig angehen lassen könnten. Einfach nur Pfannkuchen und früh ins Bett oder so.

Mit einem guten Buch und Ohrstöpseln.

BLEIGIESSEN

ODER SIE FEIERN DOCH. Mit :

FEUERWERK

KRAPFEN

TANZ

FONDUE

*Glücklicherweise muss man selber keine Raketen in die Luft schießen, meistens haben sich ja die Nachbarn mit Feuerwerkskörpern im Gegenwert des Bruttosozialproduktes von Island eingedeckt und pfeffern das Zeug stundenlang in den Neujahrsnebel, während wir uns mit Wunderkerzen vergnügen. Damit kann man so schön die Jahreszahl in die Luft schreiben. Außerdem knallen sie nicht. Ich habe diese Himmelslaternen aus Seidenpapier geliebt, aber leider darf man die fast nirgendwo mehr fliegen lassen, weil sie angeblich Flugzeuge zum Absturz bringen und Waldbrände entfachen ... sehr schade.

WIMPELKETTEN

CHAMPAGNER

GLÜCKSKEKSE

WER BIN ICH?

POMPONS

Heute ist auf jeden Fall eine gute Gelegenheit, alles Schöne des vergangenen Jahres noch mal Revue passieren zu lassen. Wann hatten Sie **Seitenstechen vor Lachen**, waren **atemlos vor Glück** oder so in etwas vertieft, dass Sie die **Zeit vollkommen vergessen** haben? Welche Fehler wollen Sie auf keinen Fall wiederholen? Und was haben Sie sich für die nächsten Wochen und Monate vorgenommen?

Trudi schreibt da jedes Jahr Männernamen hin

Was mich dieses Jahr so richtig glücklich gemacht hat

Was ich auf keinen Fall wieder ausprobieren will

....
....
....
....
....
....

Was ich im neuen Jahr unbedingt erleben will

....
....
....
....
....
....

Ein paar gute Vorsätze

★ Andere und bessere Fehler machen als letztes Jahr ★ Mehr Briefe schreiben ★ Mehr küssen ★ Mehr trinken ★ Endlich lernen, in Schuhen mit hohen Absätzen zu gehen ★ Sich nach dem Aufwachen immer gründlich rekeln! Angeblich ersetzt einmal Rekeln eine ganze Stunde Schlaf!!!! ★ Italienisch lernen ★ Nie mehr »Du kannst das nicht!« sagen ★ Lieb zu Oma sein ★ Öfter mal tief Luft holen ★

★ ....
★ ....
★ ....
★ ....

★ ....
★ ....
★ ....
★ ....

Let's make better mistakes tomorrow... yeah

Wir wollten hier eigentlich ein Rezept zum Selberbacken von **Glückskeksen** einstellen, doch das konnten wir leider nicht guten Gewissens tun, denn alle Rezepte, die wir ausprobiert haben, sind uns misslungen. Spätestens beim Versuch, den Keksen den charakteristischen »Knick« zu verpassen. Deshalb hier kein Rezept, aber ein Webseite, bei der man Glückskekse mit seiner Wunschbotschaft bestellen kann: www.wunschkeks.de.

Danke, dass du mich aus dem Glückskeks befreit hast.

Das Schiff ist sicherer, wenn es im Hafen liegt. Doch dafür werden Schiffe nicht gebaut.
PAULO COELHO

Was sonst noch glücklich macht, aber nicht mehr in dieses Buch passt

Samstags extra früh aufstehen und über den Markt gehen

Mit allen Kindern in einem Bett schlafen

PURZELBÄUME

Das Lieblingsparfüm aufsprühen

VANILLEPUDDING

Schreiben

Jeden Tag eine gute Tat vollbringen

Jemandem was Nettes sagen und es auch so meinen

Ein Geheimnis für sich behalten

PRALINEN

Mattis erstes Zähnchen

Sitzheizungen

Wissen, dass der Tag Ihnen gehört

Ein Lied hören, das man noch nicht kennt, aber auf Anhieb liebt

Mit Stäbchen essen

Feststellen, dass der Interpret noch mehr wunderbare Songs gesungen hat

Mit verbundenen Augen versuchen, die Kinder am Geruch zu erkennen

Eine Party mit sich ganz alleine feiern (zum Beispiel in der Badewanne)

Dinge auch mal GANZ ALLEINE tun

Eine Geschichte ausdenken

Ein Geheimnis erzählen